齐鲁哲学故事

赵允福　吴利民　著

山东省社科普及与应用重点项目『齐鲁哲学家的故事』最终成果

知识产权出版社
全国百佳图书出版单位
—北京—

图书在版编目（CIP）数据

齐鲁哲学故事／赵允福，吴利民著．—北京：知识产权出版社，2021.5
ISBN 978-7-5130-6635-8

Ⅰ.①齐…　Ⅱ.①赵…②吴…　Ⅲ.①哲学史—山东—通俗读物　Ⅳ.①B2-49

中国版本图书馆 CIP 数据核字（2021）第 054316 号

责任编辑：刘　江　　责任校对：王　岩
文字编辑：邓　莹　　责任印制：刘译文

齐鲁哲学故事
QILU ZHEXUE GUSHI
赵允福　吴利民　著

出版发行：知识产权出版社有限责任公司　　网　址：http：//www.ipph.cn
社　址：北京市海淀区气象路 50 号院　　邮　编：100081
责编电话：010-82000860 转 8344　　责编邮箱：liujiang@ cnipr. com
发行电话：010-82000860 转 8101/8102　　发行传真：010-82000893/82005070/82000270
印　刷：三河市国英印务有限公司　　经　销：各大网上书店、新华书店及相关专业书店
开　本：880mm×1230mm　1/32　　印　张：7
版　次：2021 年 5 月第 1 版　　印　次：2021 年 5 月第 1 次印刷
字　数：152 千字　　定　价：42.00 元
ISBN 978-7-5130-6635-8

前　　言

“任何真正的哲学都是自己时代的精神上的精华”，黑格尔把哲学称为“庙里的神”，哲学之重要可见一斑。

然而，作为高校教师，在长期从事哲学教学的过程中，笔者发现很多大学生对哲学不感兴趣，进一步调查之后，发现情况更加不容乐观，社会上初中层次、人数更多的民众的哲学知识更为贫乏，对哲学的兴趣更低。调查还发现，很多人特别是年轻人对中国哲学思想缺乏最基本的了解，甚至有人认为中国没有哲学家。这是中国哲学工作者的失职。

中华文化历史悠久，辉煌灿烂。作为中华文化这座华丽大庙里的“神”，中国哲学为人类文明的发展作出了不可磨灭的贡献。而在中国哲学发展过程中，从孔子、孟子、庄子到牟宗三、任继愈，齐鲁哲学家在中国哲学史上的地位和贡献是有目共睹的。但哲学并非只是哲学工作者自娱自乐的事，而应该让广大普通民众了解齐鲁哲学巨擘的思想，继承并不断弘扬中国哲学的优秀传统，这是哲学工作者义不容辞的责任。但哲学思想所具有的抽象性和思辨性，要求哲学工作者在宣传弘扬中国哲学时，必须要以广大群众喜闻乐见的形式进行，这样才能更广泛地影响群众，从而提升民族素质、弘扬民族文化、增强民族文化自信心和自豪感，充分发挥中华文化经世致用的优良传统。

到目前为止，供专业人士研究学习的《中国哲学史》《中国哲学家评传》等著作版本众多，水平颇高。而普及性的中国哲学方面的图书不多，类似“中国哲学故事”的书籍非常少见，专门介绍齐鲁哲学家故事的书籍更为鲜见，因此，笔者才有了撰写一部齐鲁哲学故事的想法，选择齐鲁著名哲学家的故事汇集成书，激发民众的哲学兴趣，在讲述故事的过程中让读者了解哲学家的基本哲学观点。

本书立足山东，本着挖掘、弘扬和普及山东文化的目的，按年代顺序选取齐鲁哲学史上 24 位著名哲学家，简要介绍他们的生平和哲学观点，并选取体现其代表性思想的故事进行讲述。尽量用通俗易懂的语言把哲学家的思想呈现给读者，避免哲学高高在上的形象，不求全求深，尽量语言平实、故事有趣，哲学家的哲学思想力求通俗易懂，让民众特别是初中以上文化水平的有一定阅读能力的最广大的人群对齐鲁哲学家的思想有所了解，以提高普通民众的哲学素养。中国哲学注重“修身、齐家、治国、平天下”，注重身体力行，注重伦理道德修养，故事的形象性更能使这些思想潜移默化于普通民众的言谈举止中，这对于提升民族素质、构建和谐社会无疑将起到积极的推动作用。同时，出版一部《齐鲁哲学故事》对增强山东人民的文化自信和文化自觉、对山东由文化大省向文化强省的转变无疑具有重要的作用。

目　　录

一、兵家始祖——姜太公

佐天子为圣臣，治邦国为圣君。

姜太公像

姜太公是我国历史上一位集智慧与能力为一身的人物，也是文艺舞台上一个“高、大、全”的形象，还是神坛上居众神之上的神主，其故事家喻户晓，他也是武神、智神，被奉为护佑神灵。民间故事版本各异，《封神演义》等影视剧的热播，使姜太公的形象深入人心。

姜太公，姓姜，名尚，字子牙。生卒年不详。其先祖曾封于吕地而以吕为氏，又称“吕尚”。此外，先秦文献还称他为“太公望”“吕望”“吕牙”“太公”“师尚父”等，后世俗称“姜子牙”。

姜太公是我国商周之际著名的政治家、军事家，是西周初年的重要宰辅，史称其“佐天子为圣臣，治邦国为圣君”，为建立和巩固周王朝建立了卓著功勋；他也是春秋战国时期最强大的封国之一齐国的开国始祖。其历史地位为历代典籍所公认，儒、道、法、兵、纵横诸家皆追他为本家人物，被尊为“百家宗师”。唐宋以前，姜太公还被历代帝王封为“武圣”，唐肃宗封其为“武成王”，宋真宗又封其为“昭烈武成王”。姜太公的政治思想和军事谋略，对我国古代政治文化和军事文化的形成和发展具有巨大影响。

作为军事家，《汉书·艺文志》署名姜太公的军事著作有 237 篇，其中《谋》81 篇、《言》71 篇、《兵》85 篇。被奉为我国古代十大兵书之一的《六韬》虽非姜太公自著，但也反映了其军事思想。姜太公是我国古代第一个军师型的军事家，其军事韬略在中国战争史上占有重要地位，对后世用兵产生了深远影响。

千古第一钓神

姜太公出身低微，在遇周文王之前，曾经做过屠夫和小商贩，但很不成功，种地收入不够种子钱，打鱼收入不够渔网钱。姜太公的前半生一直很不得志，简直是一部小人物创业失败的血泪史。

直到70岁遇到周文王，姜太公的历史机缘才姗姗到来，使他完成了从落魄文人到出将入相的逆袭。

“渭川坐钓遇文王”的说法更具传奇色彩：“吕尚盖尝穷困，年老矣，以钓渔奸（通‘干’，求取）周西伯。西伯将出猎，卜之，曰：‘所获非龙非螭，非虎非罴，所获霸王之辅。’于是周西伯出猎，果遇太公于渭之阳。与语大悦，曰：‘自吾先君太公曰：当有圣人适周，周以兴。子真是邪？吾太公望子久矣。’故号之曰‘太公望’，载与俱归，立为师。”一个“奸”字表明姜太公垂钓渭水是有预谋的，其真实意图不过是等待周文王的到来。

其实，姜太公钓鱼——愿者上钩，是其发迹的传说：商纣暴虐，周文王决心推翻暴政。姜子牙受师父之命，下界助周伐商。但姜子牙觉得自己年过半百，很难获得文王赏识。于是在文王回都途中，在渭河用没有鱼饵的直钩钓鱼，结果真钓到了鱼。文王见此，觉得姜太公是个奇人，于是主动跟他交谈，发现姜子牙是个有用之才，便招揽到帐下，任命为相。

据传说，周文王欲拜姜太公为相时，姜尚却要周文王亲自拉车，才可答应。周文王求贤若渴，就请姜太公上车。周文王拉车朝西一口气就走了301步，突然跌倒，爬起来后周文王竟搞错了方向，稀里糊涂拉着车朝东走了507步，累得瘫倒在地。姜太公便说：“天数啊！文王，你一共走了808步，周朝也就存在808年。”

文王一听此话，很是后悔，还想继续拉下去，然而姜太公说：“天数如此！兴衰存亡，自有定数！”因此，历史上“西周”持续了301年，而“东周”有507年，两周共808年。

还有一种说法是前301步，周文王步履稳健，故“西周”国富民强，繁荣昌盛，而后507步走得跌跌撞撞，故历史上出现了“春秋五霸”和“战国七雄”的纷争局面。

辅佐周王为圣臣

姜太公被周文王延揽之时，正是我国历史上有名的暴君商纣王在位时期。纣王“以酒为池，悬肉为林”，人民生活痛苦不堪。当时商朝统治的诸侯有800多个，居住在陕甘一带的周是其中之一。从周文王的祖父开始，周的势力日渐壮大。纣王即位后，开始防范周的发展，曾将周文王囚禁羑里。后来，周进献珍宝、美女于纣王，消除纣王的疑虑，才使文王得以脱身。

姜太公成为周文王的幕僚之后，便积极参与灭商的准备工作，内修政理，外服诸侯，周的实力不断发展。《史记·齐太公世家》记载，文王“与吕尚阴谋修德，以倾商政，其事多兵权与奇计”，“天下三分，其二归周者，太公之谋计居多”。

周灭商的奇谋妙计，大致如下。

第一，韬光养晦，麻痹商纣王。文王自被释放归来，便开始暗中积极准备灭商的工作。同时，为了消除纣王的疑虑与戒心，周采取韬晦之计，以各种假象蒙骗纣王。他表面上完全服从商朝的统治，绝对忠于纣王，显得十分恭顺，甚至将洛西之地献给纣王，率诸侯朝觐，以此取得了商纣王的信任。周文王还伪装骄奢淫逸，以示无为，让纣王认为他沉溺于酒色，以至于纣王逐渐认为“西伯改过易行，吾无忧矣”，也就放松了对周的警惕和戒备，而且对周文王信任有加，任命他全权处理西部各诸侯的事务。纣王则一心一意指挥向东夷用兵，开疆拓土。直至周人灭商的准备工作已经做好，即将对他开战时，他仍未醒悟。

第二，进献美女以乱其心，收买近臣以乱其政。商纣王刚愎自用，且喜淫好色。姜太公和周文王利用他的这些弱点，对商王朝的统治阶层进行离间活动，使其君臣疏远，上下离心，削弱、破坏商王朝的统治力量。如贡献美女给纣王，使纣王沉浸于酒色而无心朝政。周的这一谋略效果非常明显：纣王自此常作“靡靡之乐”，“为长夜之饮”；在蛾眉皓齿的美女包围中，他荒废国政，不分忠奸贤愚，也无法了解国家的真实情况，甚至周举兵相向时还不觉悟。关于收买纣王近臣，则主要是使奸谗毁坏忠良，破坏商朝统治集团的团结，使其君臣猜忌，离心离德。刚愎自用的纣王在那些被周人收买的近臣蒙骗下，更加荒淫昏聩，肆意倒行逆施，拒谏饰非，杀黜忠良。有识之士因深感有亡国之危而苦谏，不是被贬逐，就是惨遭囚戮。如王叔比干因劝谏，竟至纣王“剖比干，观其心”。最终使商统治集团分崩离析，众叛亲离。

同时，周朝则暗中从各方面积蓄力量，发展壮大自己的实力。对内发展农业生产，增强经济实力。同时

"笃仁、敬老、慈少"，争取民众支持，安抚人心。据《史记·周本纪》记载，文王"礼下贤者，日中不暇食以待士，士以此多归之"。可见周文王非常重视广揽人才。在对外方面，则修德施惠，以尽量扩大自己的同盟诸侯。《史记·殷本纪》说："西伯归，乃阴修德行善，诸侯多叛纣而往归西伯，西伯滋大。"而对于那些追随商纣的诸侯国，则逐个用武力翦伐征服，扩大自己的势力范围。在姜太公的全力辅弼下，到文王晚年，"三分天下"，周已有其二。

周文王死后，武王继位，以"太公望为师，周公旦为辅"。姜太公继续辅佐周武王进行反商伐纣的行动，为西周的建立和巩固作出了重要贡献。

周武王十一年时，商纣王的残暴统治使其内部分崩离析，武王伐纣的时机终于到来。姜太公辅佐武王率军伐纣。但周的统治者内部主张不一，并以天雷雨为辞："雷雨甚疾。周公曰：'天不佑周。'卜筮之，逆，占曰大凶。"姜太公则不信卜，不顺天："枯骨死草不足以信，兵伐无道乃是义兵，天雨其能奈何！"姜太公坚持以军令行事，令出必行，大军克服困难，继续前进。大军进至邢丘，又遇天雨三日、武王车楯折断为三的不如意事，武王也有些动摇了伐纣决心。姜太公则向武王解释说："楯折为三是天示我兵分三路而进，天降大雨洒我兵以净我军。"姜太公以此坚定武王的决心，同时下令过桥毁桥、过栈烧栈、过河覆舟，以表示一往向前、绝无回路的决心。武王率诸侯会师牧野，商纣王也发动大军前来拒敌。姜太公亲自带领百名勇士冲入敌阵挑战，然后以大部队冲向商军。最终纣王大败，在鹿台自焚身亡。在武王伐纣的过程中，姜太公表现出超人的胆识和才智，是文治武功兼具的领兵主帅，也是身先士卒的战场勇士。

灭商之后，周武王采取了一系列战争善后以及稳定民心、巩固政权的措施。如散发商纣囤积的钱粮，赈济贫民，即“散鹿台之钱，发巨桥之粟，以赈贫民”；再如“封比干墓，释箕子囚”，以争取人心，同时“迁九鼎，修周政，与天下更始”。这些措施“师尚父谋居多”。

治理齐国为圣君

周朝建立以后，功勋卓著的姜太公被封在齐地，定都于营丘（今山东省临淄东北）。武王将姜太公封到齐地，主要有两方面的考虑：一是姜太公出生在东海一带；二是当时的齐地，东夷杂居，周朝在此地统治较为薄弱，要依靠姜太公安抚治理，“以蕃屏周”。

据《史记·齐太公世家》记载，姜太公带人前往封国，走得很慢。夜宿旅舍时，旅舍主人见此情形，在外面议论说：“时机很难得却也很容易错过，这些客人能睡得如此安稳，应该不是赶往封地就任的吧。”姜太公闻听大惊，急忙穿上衣服，连夜赶路，天刚亮时就赶了到营丘。恰好赶上附近的莱夷人进攻。幸亏姜太公及时赶到，否则后果不堪设想。姜太公率领众人合力击退莱夷人，定都建国，开始了“以蕃屏周”的宏伟大业。

政局稳定后，姜尚又开始在齐国进行政治制度改革。他顺应当地的习俗，简化周朝的繁文缛节，大力发展商业，让百姓享受渔盐之利，齐国成为当时的富国之一。

周武王去世后，即位的周成王过于年幼，武王的弟弟周公旦为了稳固政权，代替成王摄政。这时王族内部有人怀疑周公篡位，同时，联合商朝的后裔武庚发动叛乱，在关键时刻，周公得到召公和姜太公等一班老臣的支持后，才消除后顾之忧，最终平定了“三监之乱”。周公派召公以成王名义授权姜太公“东至海，西至河，南至穆陵，北至无棣。五侯九伯，实得征之”。姜太公也很好地完成了“以蕃屏周”的重任，支持周公摄政讨逆，为稳定西周政权、维护天下一统作出了重要贡献。

姜太公封齐之后，因循时势，不拘于王制，大胆改革，对齐地进行精心治理，经过一番艰苦创业，逐渐建立起一个强大而富庶的东方诸侯国，并开创和形成独特的齐文化传统，成为齐国的开国始祖和齐文化的奠基人。

姜尚的改革概括起来主要有以下几个方面。

对于周礼，姜太公既保持其权威性，又简化周礼的烦琐程序，在结合齐地民俗特点的基础上，创造出齐民接受又不悖于周礼的礼制，为调动齐国民众兴齐建国的积极性，为齐国日后建立霸业奠定了坚实的基础。这些行动被桓公、管仲奉为“令顺民心”之治，孟子在此基础上提出了“民为贵，社稷次之，君为轻”的观点。太公封齐，伯禽封鲁，齐鲁相连。太公治齐，五月报政周王朝，而伯禽治鲁，三年报政周王朝。之所以出现这么大的反差，是因为太公“因其俗，简其礼”的施政目的是求政简易行，而鲁国则是政烦令苛。

姜太公从商亡周兴中深刻体会到“天下非一人之天下，乃天下之天下也，同天下之利者，则得天下；擅天下之利者，则失天下”（《文韬·文师》）的道理。当文王问“治国之大务”时，姜太公的回答是“爱民而已”（《文韬·国务》）。爱民思想的主旨就是保障人民生存、发展的权利，惠民利民，顺应民心民意。在这种思想的指导下，姜太公在治理齐国时，才根据当地的实际情况实行了一系列顺民、富民的政策。

姜太公认为治国必须富民，而富民的关键是重视农业和工商业的发展。“富民”思想是姜太公思想的自然延伸，也是其从国家生死存亡的认识高度得出的必然认识。关于治理天下，姜太公认为，“王国富民，霸国富士，仅存之国富大夫，亡国之国富仓府”。其富民的具体经济措施就是重视农业、手工业和商业。他认为“人君有六守三宝”，其中“三宝”就是“大农、大工、大商”；只有三业并举，才能最终实现百姓富足和国家安定。

在人才的选拔任用上，姜太公主张“尊贤尚功”，也就是指尊重和任用贤能之士，推崇和崇尚功利、功业。“尊贤”是前提，“尚功”是目的。对周文王提出的“君务举贤而不获其功”的矛盾，姜太公明确指出“举贤而不用，是有举贤之名，而无用贤之实也”，而造成“有名无实”的原因在于“君好用世俗之所誉，而不得真贤也”，并进一步指出举贤中常见的弊病：“君以世俗之所誉者为贤，以世俗之所毁者为不肖，则多党者进，少党者退。若是，则群邪比周而蔽贤，忠臣死于无罪，奸臣以虚誉取爵位，是以世乱愈甚，则国不免于危亡。”要避免这种情况，应该“按名督实，选才考能，令实当其名，名当其实，则得举贤之道矣”。关于人才选用，姜太公提出“六守”，即六条应该坚持的标准：“仁”“义”“忠”“信”“勇”“谋”，并提出了进行考核的具体办法。总体来看，姜太公的“举贤尚功”思想充满效益意识和务实精神，也具备很强的可操作性。

为实现“尊贤尚功”，姜太公强调要重视法纪和赏罚，主张依法治国。依法治国就要做到令行禁止、赏罚分明，所以姜太公也非常重视对赏罚的正确运用。他强调用赏贵在守信，用罚则贵在必行；让人们可以听到看到，即使没有听到看到的人，也都被赏罚所感化和震慑。他还强调“所憎者有功必赏，所爱者有罪必罚”。

兵家始祖影响深远

姜太公也是一位杰出的军事家，其军事思想对后世产生了深远影响。司马迁说，“后世之言兵及周之阴权，皆宗太公为本谋”。

姜太公认为战争是吞噬人民生命财产的凶事，只有在万不得已时才可以进行战争。这与其“爱民”思想一脉相通。基于这样的战争观，他辅佐周武王进行了灭纣的正义战争。姜太公极重谋略，追求不战而胜的至高境界。“文伐”是获得不战而胜效果的最重要手段，即以非军事手段分化、瓦解敌人，姜太公提出十二条“文伐”之策。

姜太公非常重视将领的重要性，认为“故兵者，国之大事，存亡之道，命在于将”，并提出了为将之道及选将之法。由于战争是崇尚诡诈和谋略的，他认为，在战略战术上，只有善于在奇正虚实之间灵活转换，出其不意，攻其不备，才能克敌制胜。他特别强调在战争中应该善于抓住战机，并果断采取行动。善于指挥战争的将领，面对稍纵即逝的战机，一定能够准确把握。若贻误战机，则会给自身带来灾难。武王伐纣之前，虽然占卜不吉和风雨暴至，群臣恐惧，但姜太公认为伐纣的时机已经到来，不可贻误，坚决主张出兵。

姜太公的军事思想对齐国的影响最深，后世中国古代兵学，历来以齐地为最。如先秦时代，齐国出现的最杰出的军事家管仲、司马穰苴、孙武、孙膑、田单等；最杰出的军事著作如《司马法》《孙子兵法》《孙膑兵法》等。而一些深受齐国兵学影响的非军事学者，如晏子、荀子等也都深谙兵道，《晏子春秋》《荀子》中都有论兵的内容。秦汉以降的兵家，如张良、曹操、诸葛亮、李靖等，也都从姜太公军事谋略中得到启发。由此可见，姜太公在我国古代兵学史上占有重要地位。

总之，姜太公作为一位杰出的政治家和军事家，对我国古代的政治文化和军事文化都产生了深远影响，我国古代神魔小说《封神演义》甚至将其塑造成一个通天地、役鬼神的得道高人，成为一个被神化的人物。

二、治国贤相——管仲

子曰："管仲相桓公，霸诸侯，一匡天下，民至于今受其赐。微管仲，吾其被发左衽矣。岂若匹夫匹妇之为谅也，自经于沟渎而莫之知也。"

管仲像

管仲，名夷吾，字仲，一作敬仲，春秋时期齐国人。生年不详，卒于齐桓公四十一年（公元前645年）。管仲是春秋初期杰出的政治家，辅佐齐桓公改革内政，富国强兵，使齐桓公"九合诸侯，一匡天下"，成为春秋五霸之首。管仲也因此成为一代名相，为后代政治家所崇尚和仰慕，其开创的“管仲学派”对后世产生了重要影响。

管鲍之交　传世佳话

据《史记·管晏列传》记载，管仲年少时与鲍叔牙关系非常密切。鲍叔牙对他非常照顾。他们曾经一起合伙做买卖，每有盈利，管仲总是要求自己多分一些，鲍叔牙知道管仲家中贫困，养家不易，因此从不认为管仲贪财好利。即使管仲替鲍叔牙谋划事情，结果反而使鲍叔牙更陷于窘境，鲍叔牙也只是认为这是因为机遇不好。管仲年轻时做过几次小官，但每次都是不久就被撤职；也曾几次参战，因家有老母而每每临阵脱逃。但鲍叔牙理解管仲的想法和做法，一直认定他是个有才能的人。管仲曾经充满感激地说，“生我者父母，知我者鲍子也”。

齐僖公三十三年（公元前698年），齐僖公去世，继位的齐襄公荒淫无道，昏庸无能。齐襄公十二年（公元前686年），齐国内乱爆发，公孙无知自立为国君。但仅仅一年后，公孙无知又被齐国贵族杀死，齐襄公之弟公子小白继位即齐桓公。

齐桓公即位后，准备任命辅佐自己的鲍叔牙为齐相。但鲍叔牙极力推荐管仲出任相国之职，并建议齐桓公择吉日，以非常隆重的礼节，亲自去迎接管仲，以此表示对管仲的重视和信任。

周襄王七年（公元前645年），为齐桓公创立霸业呕心沥血的管仲病危，齐桓公去探望他，并询问相位的继任者。齐桓公欲任鲍叔牙，管仲诚恳地说："鲍叔牙是君子，但他过于善恶分明，见人一恶，终身不忘，这样是不可以为政的。"奸佞易牙听到这段对话，便去挑拨鲍叔牙，说管仲阻止齐桓公任命鲍叔牙为相。鲍叔牙笑道："管仲荐隰朋，说明他一心为社稷宗庙考虑，不存私心而偏爱友人。现在我做司寇，驱逐佞臣，正合我意。如果我为相，哪里还会有你们的容身之处？"

贤相治齐　成就霸业

一次齐桓公召见管仲，问："你认为现在的国家可以安定下来吗？"管仲深知齐桓公的政治抱负，就直截了当地说："如果你想称霸诸侯，齐国就可以安定富强；如果你要安于现状，齐国就不能安定富强。"齐桓公听后说："我现在还不敢说这样的大话，等将来见机行事吧！"管仲被齐桓公的诚恳所感动，他恳切地向齐桓公表示："君王赦免了我的死罪，这是我的万幸。我苟且偷生到今天，而没有为公子纠而死，就是为了国家富强；否则臣就是贪生怕死，一心为升官发财了。"齐桓公被管仲所言感动，表示决心以霸业为己任，希望管仲辅佐自己成就霸业。

管仲出任齐相后，对齐国进行了大刀阔斧的改革。《史记·管晏列传》记载："管仲既任政相齐，以区区之齐在海滨，通货积材，富国强兵，与俗同好恶。"礼法并举，顺民富民，为齐国争霸奠定了坚实基础。

在争霸战略上，管仲充分利用齐国的"五侯九伯，实得征之”的征伐大权，以“尊王攘夷”为旗帜，号召天下诸侯。首先是承认周天子的共同领袖地位。虽然周王室已经衰微，但其作为“天下宗主”的观念仍然很牢固，所以，管仲建议齐桓公以“尊王”为口号来体现自身的正义性。“攘夷”就是联合各诸侯国，共同抵御戎、狄等周边少数民族对中原地区的侵扰。“攘夷”符合当时各诸侯国的根本利益。“尊王攘夷”的旗号使齐国在舆论上获得支持，在行动上掌握主动权，为齐桓公成为春秋五霸之首提供了很大的便利。

谭国（在今山东济南东）是齐国西邻的小国。齐桓公出奔经过这里时，谭国国君对齐桓公很不礼貌，后来齐桓公继位，谭国也没派遣使臣祝贺。齐桓公对此非常不满，管仲建议出兵问罪。谭国因此很快就被齐国消灭。齐桓公五年（公元前681年），在管仲的建议下，齐国与宋、陈、蔡、郑等国在齐国北杏（今山东聊城东）会盟，共同商讨安定宋国之计。遂国（今山东肥城南）受到邀请，但没有人参加，管仲就出兵灭了遂国。鲁国因接连被齐国打败，又看到各诸侯国都服从齐国，遂、谭两国又被消灭，不久，鲁国与齐国在柯（今山东东阿西南）会盟，在这次会盟中，发生了著名的“曹沫劫盟”事件。齐桓公被迫答应归还占领的鲁国土地。会盟结束后，鲁国君臣胜利回国。齐国君臣却愤愤不乐，许多人都想毁约，但管仲不同意毁约，劝说齐桓公：“毁约是贪图眼前小利，求得一时痛快，但会失信于诸侯，失信于天下。还是归还占领的鲁国土地为好。”齐桓公听取了管仲的意见。不久宋国背叛齐国，齐桓公邀请陈、曹共同出兵伐宋，同时请求周王室派兵助战。王师与三国军队共同伐宋，宋国屈服。

这时，鲁、宋、陈、蔡、卫都先后屈服于齐国，谭、遂两国早已消灭。在管仲建议下，齐桓公于齐桓公六年（公元前680年）、七年（公元前679年）在鄄（今山东鄄城）两次召集会盟，取得圆满成功，从此齐桓公成为公认的霸主。

晋献公十年（公元前667年）冬，郑国内乱平息，齐桓公召集鲁、宋、陈、卫、郑、许、滑、滕等国国君，在宋国幽会盟。周惠王派代表召伯参加盟会，几乎全部中原诸侯都参加了这次会盟。召伯还以周天子的名义，授予齐桓公侯伯的头衔，齐桓公成为名副其实的霸主。

楚国一直是南方的强国。由于楚国不断攻郑，齐桓公和管仲约鲁、宋、陈、卫、郑、许、曹等组成联军南下，首先一举消灭了楚的附庸蔡国，直指楚国。齐桓公三十五年（公元前651），周惠王去世，齐桓公会同各诸侯拥立太子郑为天子，这就是周襄王。周襄王即位后，命宰孔赐齐桓公文武胙、彤弓矢、大路，以表彰其功。赏赐典礼于葵丘（今河南兰考、民权县境）举行。宰孔请周襄王之命，因齐桓公年老德高，不必下拜受赐。齐桓公想听从王命，管仲从旁进言劝止。诸侯因此皆叹服齐桓公谦逊守而对其恭敬施礼。齐桓公又重申盟好，订立新盟。在管仲的辅佐下，齐桓公主持武装会盟三次，和平会盟六次；还辅助周王室一次，史称“九合诸侯，一匡天下”。

举贤任能　为国荐才

管仲十分重视人才的选拔和任用。任相3个月后，管仲就向齐桓公推荐了隰朋、宁戚、王子城父、宾胥无和东郭牙五位贤者，齐桓公各以其长任命他们分别担任大行、大司田、大司马、大司理和大谏“五官”之职。为了有效选拔贤能，管仲还实行了选拔人才的“三选”之制，即三级举贤制度，并规定各地有好学、慈孝、聪慧或者武力出众者，当地官吏都有责任推荐，否则要追究其“蔽贤”之罪。管仲临终前，齐桓公去探望他，提出欲任鲍叔牙为相，管仲认为：“鲍叔牙是君子，但过于善恶分明，见人之一恶，终身不忘，这样是不可以为政的。”后来齐桓公提出易牙、卫公子开方、竖刁等都被管仲否决了。这时见齐桓公面露难色，管仲便推荐了为人忠厚、不耻下问、居家不忘公事的隰朋。

管仲病逝后，齐桓公不听管仲的忠告，重用易牙等奸佞。两年后，齐桓公病重，易牙、竖刁命人塞宫门，假传君命，不许任何人进去。有两宫女越墙入宫，探望齐桓公，便把易牙等作乱、堵塞宫门的情况告诉了齐桓公。齐桓公懊悔地说：“如死者有知，我有什么面目去见仲父?”齐桓公最终被活活饿死了。齐桓公死后，他的几个儿子为争夺王位互相残杀。齐桓公的尸体停放在病床上六七十天无人收殓，尸体腐烂生蛆，惨不忍睹。经过这场内乱，齐国的霸业开始走向衰落。

经世治国　礼法并举

管仲作为一代贤相，其政治思想是十分丰富的。主要包括两个方面：强调顺应民心，主张礼法并用。管仲认为，要治理好国家，必须重视百姓的自然欲求，应该因势利导，顺应民心民意。《管子·牧民》说："政之所兴，在顺民心；政之所废，在逆民心。民恶忧劳，我佚乐之；民恶贫贱，我富贵之；民恶危坠，我存安之；民恶灭绝，我生育之。"

《管子》书影

管仲认为政令要像流水之源，而下达政令则要像流水一样顺应民心，主张治国应该言论平实而易于实行。因此，管仲采取了一系列顺应民心民意的具体措施，使齐国称霸诸侯。

在治国策略上，管仲非常重视“礼”与“法”的结合运用。管仲将礼、义、廉、耻比喻为维系国家和社会的“四维”，认为“四维张，则君令行”，“四维不张，国乃灭亡”，将礼治提高到关系社会安定甚至国家存亡的高度。同时，管仲也很重视法令的作用。《管子·任法》说：“法者，天下之至道，圣君之实用也。”又说：“法者，存亡治乱之所以出。”“有生法，有守法，有法于法。夫生法者，君也；守法者，臣也；法于法者，民也。君臣上下贵贱皆从法，此谓为大治。”这正体现出管仲礼治维护宗法等级的精神，也是他礼法并用思想的一种体现。

管仲在先秦诸子中是比较重视经济问题的，《管子·牧民》说：“仓廪实而知礼节，衣食足而知荣辱。”其强调了物质生活水平的提高对道德进步的重要作用，因此，管仲把富民作为治国的首要任务。《管子·治国》说：“凡治国之道，必先富民。民富则易治也，民贫则难治也。奚以知其然也？民富则安乡重家，安乡重家则敬上畏罪，敬上畏罪则易治也。民贫则危乡轻家，危乡轻家则敢凌上犯禁，凌上犯禁则难治也。”其认为只有百姓富足，他们才能知礼守法，国家也才易于治理。

管仲从治国必先富民的思想出发，主张大力发展生产，积极调整分配和消费。首先在坚持以农为本的同时不废工商。为了提高农民的积极性，管仲主张“相地而衰征”，根据土地的肥瘠情况征税。同时，管仲重视发展手工业和商业，把士农工商都视为国家不可偏废的基石，使“工商”获得了与“士农”同等的地位。在税收方面，管仲主张薄税敛；在发展生产的同时，管仲还主张节制消费。

管仲的一系列言行使其成为中国古代历代政治家所仰慕的典范。孔子在评价管仲说：“微管仲，吾其被发左衽矣。”孟子则说：“故汤之于伊尹，学焉而后臣之，故不劳而王；桓公之于管仲，学焉而后臣之，故不劳而霸。”诸葛亮也曾自比为管仲、乐毅。

管仲的治国理论与实践为后学广泛推崇，逐渐形成一个与法家学派、儒家学派鼎足的管仲学派，使齐文化在春秋时代大放异彩。因此，有学者称，管仲在齐文化发展史上的地位与孔子在鲁文化发展史上的地位十分相似。

三、谏臣贤相——晏子

《史记》把晏子和管子相提并论，并给予晏子极高的评价："假令晏子而在，余虽为之执鞭，所忻慕焉。"

晏子像

晏子（公元前595～前500年），名婴，字平仲，春秋末期齐国夷维（今山东高密）人，齐国名相。其父晏弱，在齐顷公、齐灵公时为正卿，曾奉命出使、会盟于晋国。晏弱去世后，晏子继任国卿。晏子"长不满六尺"，但他"身相齐国，名显诸侯"。晏子历相齐灵公、齐庄公、齐景公，尽忠极谏，机敏善辩，政绩卓著，是继管仲之后，齐国历史上又一位名相，是先秦时期著名思想家、政治家、外交家。

以礼治国

在晏子生活的时代，齐国屡次发生子弑父、臣弑君、兄弟相残等有悖人伦的事件；同时，齐国权臣也各自暗中发展自己的势力，如田（陈）氏采取大斗借出、小斗收进（粮食）的政策笼络民心，严重威胁姜齐政权的统治。晏子认为解决这些危机的办法就是恢复传统的礼制。根据礼的规定，大夫不能对国人妄施恩惠，百姓也不能懈怠劳作，工商业者不能改行，士人不能失职，百官不能怠慢政务，大夫不能聚收国家赋税。同时，礼是一种维系社会秩序的行为规范。只要以礼治国，就会出现君正、臣忠、父慈、子孝、兄爱、弟敬、夫和、妻柔的良好社会秩序。总之，晏子把礼推崇提升到与孔子学说比肩的高度。但晏子所推崇的礼与孔子又有很大不同。晏子继承了姜太公的“因其俗，简其礼”政策，对于周礼作了简化变更。当时孔子曾觐见齐景公，齐景公想重用孔子，但晏子坚决反对：“儒者能言善辩，无法用法度来规范；高傲自大自以为是，不能用他们教育百姓；崇尚丧礼尽情致哀，破费财产厚葬死人，这不可成为习俗。自周朝王室衰落以后，礼残乐缺很长时间了。如今儒家规定了烦琐的礼仪节度，即使连续几代人也不能穷尽其中的学问。国君如果用这一套来改造齐国的习俗，恐怕不是引导人民的好办法。”此后齐景公对孔子“厚其礼而留其封，敬见不问其道”。晏子不同意重用孔子，是因为他认为孔子的政治主张根本不适用于当时的齐国。

在礼的形式和礼的内涵上，晏子更倾向于礼的内涵的实用价值，反对孔子过分注重的繁文缛节，这继承了齐国“因其俗、简其礼”的重视实际、追求实效的思想传统。晏子主张以礼约束臣下，对齐景公好饮贪欢而不顾礼节，则极力反对，认为应当由齐景公带头重礼，整饬法令，使百姓也逐渐形成重礼重法的习惯。

这时中原的强国晋国谋划攻打齐国，便派大夫范昭出使齐国探查形势。席间，酒酣耳热，双方均有几分醉意之时，范昭向齐景公说：“请您给我一杯酒吧！”景公让侍臣把酒倒在自己的杯中给范昭。范昭接过侍臣递来的酒，一饮而尽。在一旁的晏婴厉声命令侍臣扔掉这个酒杯，为齐景公再换一个。因为依照当时的礼节，君臣应是各用自己的酒杯。范昭的行为是对齐景公的不敬，目的是试探对方的反应，但被晏婴识破了。范昭认识到齐国有晏婴这样的贤臣，现在去攻打齐国，绝对没有胜利的把握，晋国因此放弃了攻打齐国的打算。孔子称赞晏婴“不出樽俎之间，而折冲千里之外”。

以民为本

民本思想是晏子政治思想的核心。晏子从维护统治长治久安的目的出发，提出君王应“以民为本”，提出了一系列有利于民的具体主张，如省刑罚、薄赋税，反奢侈、倡节俭。

一次，齐景公役使大批民工兴建亭台。时值秋收，民工们却不能回家收庄稼，他们敢怒而不敢言。此时一贯喜欢奢华的齐景公却在为亭台的开工举办大型饮宴，晏婴陪侍，忧心忡忡。酒过三巡之后，晏婴即席自舞自唱道："岁已暮矣，而禾不获，忽忽矣若之何？岁已寒矣，而役不罢，惙惙矣如之何？"随之热泪横流。齐景公见此情景，也越发心不安了，就把修建亭台的工程停了。有一次闹饥荒，晏婴请求开仓赈济百姓。齐景公不同意，但他很想盖一个供览胜的高台。晏婴便让吏员提高力役的报酬，让百姓到很远的地方去取土，拖慢施工进度，也从不去催逼。直到三年以后，高台才筑成，百姓也渡过了难关。

齐景公因一匹心爱的马病死了而大怒，甚至要治马夫重罪。晏子说："让我教训他一番，让他知道自己的罪过，然后再治罪。"晏子历数其罪说："你有三大罪状：国君让你养马，你却让马病死了，这是死罪之一；死的是国君最心爱的马，这是死罪之二；你让国君因为一匹马而杀人，百姓听说后必然要怨恨国君，诸侯听说后必然会轻视齐国。因为养死国君的马，使老百姓怨恨国君，齐军队也要被邻国打败，这是死罪之三。"齐景公听了长叹一声说："还是放了他吧，不要因此损伤了我仁爱的德行。"

晏子的住宅靠近集市，齐景公笑着问："你住的靠近集市，什么东西贵，什么东西便宜，你知道吗？"晏婴回答说："我既然住在市区，怎敢不知道物价的高低呢？"齐景公问什么东西贵、什么东西便宜，晏婴回答说："义肢贵，鞋子便宜。"原来齐景公滥施刑罚，常把犯人的脚砍下来，所以需要装上假肢。景公因此知道受酷刑的人太多了，便下令减轻酷刑。

齐景公晚年生活奢侈，广筑宫室，因此百姓生活在水深火热中。一次，天空出现彗星，景公叹气说："堂堂此宫，将来还不知道为谁据有呢！"群臣纷纷表示难过，只有晏子在旁边笑。景公怒气冲冲地责问他："天上出现彗星，我正为此忧愁，你为什么还要笑呢？"晏子说："您高台深池，赋税唯恐不多，刑罚唯恐不重，将来恐怕会有更倒霉的事情出现，出现彗星实在算不上什么。"景公说："有什么办法可以祈祷避灾呢？"晏子说："如果神可以祈祷来，那也可祈祷去。现在百姓怨苦的人数以万计，而只靠您一个人去祷告，怎么能抵得过众多百姓的口呢？"

晏子非常崇尚节俭。《史记·管晏列传》记载，晏子"以节俭力行重于齐"，"既相齐，食不重肉，妾不衣帛"，说明晏子在生活中身体力行节俭。《左传》《晏子春秋》记载齐景公多次想为晏子重造宅第，但屡屡被婉拒；后来齐景公趁晏子出使晋国，派人为他修造了新宅，晏子也要恢复旧貌。晏子上朝也是"乘弊车，驾驽马"，晏子的节俭近乎苛刻。倡导节俭不仅是倡导一种良好的社会风气，而且与其主张礼治的治国方略有关。晏子提倡节俭，反对卿大夫僭越礼制奢靡无度，主张"家施不及国""大夫不收公利"，以维护齐国的统治。这一主张在当时是具有很强的现实意义的。

达观淡然的生死观

虽然晏子认为刮风下雨、彗星出现等都是自然现象，但他也以此与国政紧密联系来劝谏齐景公。齐景公出猎，遇到虎、蛇，以为不祥。晏子说："国有三不祥：夫有贤而不知，一不祥；知而不用，二不祥；用而不任，三不祥。"而遇到虎、蛇是很正常的事情，无关乎不祥。"景公登牛山，北临其国城而流涕，艾孔、梁丘据皆从而泣。晏子独笑于旁……使贤者常守之，则太公、桓公将常守之矣；使勇者常守之，则庄公、灵公将常守之矣。数君者将守之，则吾君安得此位而立焉？"而晏婴认为："假如贤明的君王不生老病死，那么您此时只会在农田里，哪还会有时间触景伤情？正是因为有人离开了君位，才有机会让另外的人被奉为君王，您也才有机会当上国君，可您身在福中不知福，为自己即将死亡而悲伤而哭泣，这是很不仁义的！"齐景公听了十分惭愧。"人固有一死"，反映出晏子对死亡的理性。

《左传》记载，昭公二十六年（公元前516年）出现彗星，齐景公派人祈禳消灾。晏子认为这样做只是自欺欺人。他说："天道是无可怀疑的，也不会出现差错。天上出现彗星，是为了扫除人间的污秽，君主如果德行没有污点，就不用祈禳。如果德行有污点，祈禳也不能减轻罪行。"晏子认为，神的意志其实是以道德和民生为标准的，神的作为只取决于"民"与"德"，而不是由祭祀决定的。祭祀只是一种形式，政治的根本目的是敬德和保民。同样，在应对彗星危机时，他也是从政治本身考虑，摆脱了祭祀文化的局限。

晏子对鬼神迷信持否定的态度。齐景公生了疥疮又得了疟疾，一年还没好，有人认为是因为祝史祈祷不力，建议齐景公杀掉祝史以谢神明。晏婴说：最根本的问题是君主的德行如何，如果君主有德，鬼神就会给国家带来福祉；如果君主荒淫无道，鬼神就会给国家带来灾祸。无论祝史在祈祷时是对鬼神陈说了国君的实情还是掩盖了国君的过错，鬼神都会明察的。接下来，晏子又指出：现在百姓生活贫苦，民众都愤愤不平，即使祝史的祈祷对国君有益，百姓的愤怒对国君也是有损的；祝史即使善于祈祷，岂能抵得过众多百姓的诅咒？所以，与其杀祝史，不如先修养德行、完善政治。晏子没有直接否定鬼神，实质上却委婉地讽谏齐景公要消灾祛病，必须要修明政治，而不要寄望于对鬼神的祈祷。

“和而不同”的君臣观

晏子的“和”“同”论，表明其发展并形成朴素的辩证法思想。有一次，齐景公对晏子说：“唯有梁丘据与我相和。”晏子说：“梁丘据只是跟您相同，说不上相和！”齐景公说：“和与同不一样吗？”晏子说：“‘和’如同做羹汤，用水、火、醋、酱、盐等烹调鱼肉，用柴火烧煮，厨师加以调和，使味道适中。君子食用羹汤，内心平静。君臣之间也当如此。国君所认可的，如其中有不对的，臣下应指出，并成就所认可的；国君认为不可的，如其中有对的，臣下指出可的那部分，去掉不对的。如此则政事平明而不违背礼法，百姓也就没有争夺之心……而梁丘据认可国君所认可的，否定国君所否定的。”晏子的“和”是一种朴素的对立统一，是集合许多不同而构成的新统一体；“同”，则是一种简单的同一或等同，没有矛盾和差别，是一种是即是、否即否的绝对等同。晏子认为：“所谓和者，君甘则臣酸，君淡则臣咸。今据也君甘亦甘，所谓同也，安得为和？”这是对“和”的互补意义的结构或关系的进一步描述。其应用了“君臣”“甘酸”“淡咸”等矛盾对立的词来解释“和”“同”。“和”与“同”的区别在于君能否听取臣的不同意见，臣下能否指出君主的缺点和过失，能则为“和”；反之则为“同”。其体现了君主制度下前儒家对于君臣合理关系的一种理想，表明晏子已经在较为朴素的层面上把握了对立统一规律的基本原则，代表了当时辩证法思想发展的新高度。

选贤任能的人才观

选贤任能，惩治谗佞是晏婴治国的重要内容。要治理好国家，必须要大批贤能之士。在总结齐桓公称霸诸侯的历史经验时，晏子认为：“先君见贤不留，使能不怠。是以内政则民怀之，征伐则诸侯畏之。”关于治理国家，他认为：“举贤以临国，官能以敕民，则其道也。举贤官能，则民与若也。”一个国家如果不能任用贤能之士，则是莫大的不祥。在识贤方面，晏婴认为：“观之以其游，说之以其行，君无以靡曼辩辞定其行，无以毁誉非议定其身……通则视其所举，穷则视其所不为，富则视其所不取。”即从其社会交往以及实际活动的关键时刻来考察人才。关于任贤，晏婴认为：“人不同能，而任之以一事，不可责遍成……任人之长，不强其短，任人之工，不强其拙。此任人之大略也。”也就是说，对人才不能求全责备，重其所长，而不能过分究其短。晏婴非常推崇齐桓公拜管仲为相，任贤不避私仇；举宁戚为大司田，任贤不弃微贱的大度胸怀。《史记》记载了晏子荐其车夫的故事：晏婴的车夫刚开始为其驾车时，以自己为国相驾车而甚为得意。但不久这位车夫变得处处表现出一种谦让精神，晏婴问其缘由。原来，车夫的妻子从门缝里看到丈夫驾车时的自得神态，等车夫回家后，他的妻子对丈夫说：“晏婴身高不过六尺而为国相，且名声显于诸侯，他出门神情安详，谋远而恭谨。你身高八尺，却为人驾车，神态反而非常自得。”车夫从此变得谨慎谦虚。晏婴知道后，认为车夫能听从妻子的劝告，自勉自强，于是把他推荐给景公做了大夫。

齐景公时，晋国举兵攻打阿、甄，燕国也侵扰河上，齐国军队节节败退，齐景公非常忧虑，问计于晏婴。晏婴把田穰苴推荐给景公。他说，田穰苴虽是田氏庶出，但很有军事才能。齐景公听说后，急忙召见田穰苴，通过交谈，发现田穰苴果然精通兵法谋略，景公非常高兴，便下令任命田穰苴为将军，命其率军抵抗晋、燕的进攻。田穰苴治军严明，使齐军令行禁止，军威大振。作战中他身先士卒，与士卒共甘苦，得到士兵的一致拥护。晋军听说后只得撤军而去，燕军也吓得渡水退回。田穰苴率兵收复全部失地。

在主张举贤用贤时，晏婴主张积极惩治谗佞。他认为，恶人不去，贤人就不能进；谗佞不除，忠臣就不得用。尤其是君主身边的谗夫佞臣，他更是深恶痛绝，晏婴把这种谗夫佞臣比作“社鼠”“猛狗”，力主惩之、除之。

善谏智辩

《晏子春秋》记载了许多晏婴劝谏齐景公的故事，通过这些故事可以看到，晏婴的思想充满智慧，他的语言极具特色，或锋芒毕露，或内敛含蓄；或严肃庄重，或滑稽幽默。根据不同的场合他能够采取不同的劝谏方式，取得最佳效果。

齐景公豢养了三个勇士，分别叫田开疆、公孙捷和古冶子，号称“齐国三杰”。这三个人都力大无穷，勇猛异常，因此齐景公对他们非常宠爱；他们恃宠自傲，目空一切，为所欲为。这时田氏家族的势力越来越大，打败掌握齐国实权的栾氏、高氏，田氏的势力甚至威胁齐国国内势力的平衡和国君的统治。而田开疆正出身于田氏，晏婴也忧心忡忡，很担心“三杰”为田氏效力，危及齐景公统治，便再三劝齐景公除掉“三杰”。在得到齐景公同意后，晏婴决定伺机智杀这三人。

一天，鲁昭公访问齐国，齐景公设宴盛情款待。鲁国的叔孙蜡和晏婴执礼，“齐国三杰”佩剑在堂下站立，态度显得傲慢无礼。见此情景，晏婴决定乘机除掉他们以绝后患。当两位君主酒至半酣时，晏婴说："园中金桃已经熟了，请允许摘几个让二位国君尝尝鲜吧？"齐景公很高兴，传令派人去园中摘桃。晏婴忙说："金桃很难得，还是臣亲自去吧。"不一会儿，只见晏婴领着园吏，用玉盘端上六个桃子，个个硕大新鲜，香气扑鼻。齐景公问："就结了这么几个吗？"晏婴说："其他的还没太熟，只摘了这六个。"说完他恭恭敬敬地给鲁昭公、齐景公一人献上一个。鲁昭公边吃边夸奖桃味甘美。齐景公说："这桃子实在难得，叔孙大夫天下闻名，当吃一个。"叔孙蜡谦让道："我怎么能赶得上晏相国呢？相国内修国政，外服诸侯，这个桃子应该他吃。"齐景公见此情景，便说："既然二位如此谦让，那就每人吃一个吧！"两位大臣谢过齐景公，每人吃了一个桃子。

这时盘中就只剩下两个桃子。晏婴向景公说道："请王上传令群臣，谁的功劳大，谁就食桃一个，如何？"齐景公心中明白晏婴的意图，于是传令下去。

公孙捷首先走过来，自豪地说："有一次我陪大王打猎，突然一头猛虎向大王冲来，我冲上去，与猛虎搏斗，并最终将虎打死，救了国君。如此功劳，难道不应该吃个金桃吗？"晏婴说："冒死救主，功比泰山，可以赐酒一杯，食桃一个。"公孙捷正准备饮酒食桃，站在一旁，十分得意。

古冶子见状，厉声喝道："打死一只老虎有什么稀奇的！我送国君过河时，一只大鼋兴风作浪，咬住国君的马腿，一下子把马拖到水中去了。我跳进汹涌的河水中，舍命杀死大鼋，救了国君的性命。这样的功劳，不该吃个桃子吗？”齐景公说：“当时波涛汹涌，如果没有将军斩鼋除怪，我早就没命了。这是盖世奇功，应该吃桃。”晏婴忙把最后一个桃子送给古冶子。

田开疆一看桃要分完了，急得大叫：“当年我奉命讨伐徐国，斩其大将，俘虏五千余人，徐国国君吓得俯首称臣，邻近的郯国、莒国也望风归附。如此大功，难道就不该吃个桃子吗？”晏婴一听忙说：“田将军的功劳当然高出公孙捷和古冶子二位，但是现在已经没有桃子了，只好等树上的熟了，再请您品尝了。”田开疆非常不满地说：“打虎、杀鼋了不起，而我南征北战，反而吃不到桃子，受到这样的羞辱，我也没有面目站在朝廷之上了。”说罢，竟挥剑自刎了。公孙捷大惊，说道：“我因小功而吃桃，田将军反而吃不到。我还有什么脸面活在世上？”说罢也自杀了。古冶子大喊道：“我们三人结为兄弟，誓同生死，如今他们已死，我还苟活，于心何安？”说完，也自刎了。这就是“二桃杀三士”的故事。

有一次，齐景公最喜爱的姬妾死了，为此他三天不吃饭，死守在那里，群臣多次劝说也无果。晏婴进来说：“外面来有一个术士和一个医生都说：‘听说有人病死了，他们愿意来救人。’”齐景公听了大喜，站起来了，说：“她的病还能治好吗？”晏婴说：“这是来人说的，请他试试吧。但是他们救人时需要君主离开这里，他们还要在这里祈求鬼神。”齐景公说：“我马上离开。”趁齐景公离开的时候，晏婴让人马上把死人入殓，然后，他才对齐景公说：“医生无法医治她的病，我们已经把她入殓。”齐景公听了很不高兴，知道晏婴骗了他，就说：“你以医生看病为由指使我离开，然后把死人入殓又不告诉我。我这个国君，已经有名无实。”晏婴说：“您难道不知道死人不能复生吗？臣听说，君王臣从叫作顺，君僻臣从叫作逆。今天君不顺而行逆，对贤人的礼遇很薄，而对姬妾悲之甚哀，人死还想让她复生，哀伤害性，这有失为君之道。其他诸侯听说您这样都不愿意出使齐国了，朝臣看到您这样也羞于为官。您的这种行为，不能引导好人民，也不能保住国家。”齐景公说：“那请您告诉我该怎么做吧。”晏婴说：“朝臣和其他诸侯的使臣都在外面等着您，您要节哀。”

齐景公因爱妾之死而悲伤过度，已经失去正常的理智，用正常的办法规劝显然不行，因此晏子采用“骗”的方法。这种方式虽然不够“诚实”，但是在当时无疑是最佳方法，从这件事中也能看出晏子灵活应变的能力。

齐景公即位之初，晏婴并未受到重用，只是被派去治理东阿。晏婴在东阿待了三年，这期间齐景公从不同渠道听到许多关于晏婴的负面评价，因此很不高兴，便把晏婴召来责问。晏婴谢罪：“臣已经知道自己的过错，请再给臣一次机会，三年后保证让您听到赞誉臣的话。”齐景公答应了他的要求。三年后，齐景公果然听到许多人在说晏婴的好话。齐景公非常高兴，召见晏婴，提出要重重赏赐。谁知晏婴却坚辞不受，齐景公非常奇怪。晏婴便把两次治理东阿的真相说了出来。他说：“臣前三年治理东阿，尽心竭力，秉公办事，得罪了许多人。臣努力为百姓多做好事，结果遭到那些欺压百姓的富绅的反对；臣不畏豪强，依法办事，又遭到豪强劣绅的反对；臣表彰、荐举那些节俭、勤劳、孝悌之人，惩罚那些懒惰的人，那些游手好闲之徒对我自然恨之入骨；臣处理外事，送往迎来，即使是朝廷派来的权贵，臣也循章办事，于是遭到许多达官贵人的反对。臣身边的人向我提出不合理要求，也会被臣拒绝，这自然也会引起他们的不满。这些反对臣的人一齐散布我的谣言，大王听后自然对臣不满意。而后三年，臣反其道而行之，原来说臣坏话的人自然开始夸奖臣。但臣以为，前三年治理东阿，大王本应奖励臣，后三年大王应惩罚臣。现在君主却要奖励臣，所以，臣实在不敢接受。”

晏子在外交活动中也以机智善辩著称。最有名的是出使楚国那次。楚王听说晏子身材矮小，便想以此羞辱他。所以，晏子来到楚都城门时，守门者关闭大门，让晏子从旁边的小门进入。晏子说：“出使狗国才从狗门进入。”楚国只好请他从大门进入。拜见楚王后，楚王问：“齐国没有人了吗？”晏子说：“齐国都城有七八千户，人们举起衣袖就能遮住太阳，挥一下汗水就像下雨一样，街上的人摩肩接踵，怎么能说没有人呢？”楚王又问：“既然如此，为什么要派你来呢？”晏子回答说：“齐国委派使者有个规矩：贤能的人出使去晋见贤能的国君，无能的人就派去晋见无能的国君，我就出使到楚国来了。”楚王设宴招待晏婴，酒喝得正酣，两名小吏绑着一个人来见楚王。楚王问：“绑着的是什么人呀？”小吏回答说：“是齐国人，因为偷盗被绑着。”楚王看看晏子说：“齐国人本来就善于偷盗吗？”晏子答道：“我听说，橘子生长在淮南就是橘子，而生长在淮北就成枳子了，为什么呢？因为水土不同呀！这个人在齐国时不偷盗，到了楚国就偷盗，莫非是楚国的水土使人善于偷盗吗？”楚王只好笑着说：“圣人是不可以开玩笑的，我是在自讨没趣。”

四、儒家至圣——孔子

朱熹曾叹曰："天不生仲尼，万古如长夜。"

孔子像

孔子，名丘，字仲尼，春秋时期鲁国人，生于公元前551年，卒于公元前479年。他是我国古代伟大的思想家、教育家和政治家，儒家学派创始人。两千多年来，孔子博大精深的思想、智慧、精神和独特的人格魅力对我国产生了巨大而深远的影响，成为中华文化史上一座不朽的丰碑。同时，孔子逐渐超越国界，被世界各国人民所认识和了解，其思想学说的意义和价值日益得到认同和重视。

学而不厌　终成大器

孔子的先祖是宋国贵族。父亲叔梁纥曾充当鲁国贵族孟献子的武士，因战功被封为郰邑大夫，因此又称郰人纥。母亲颜征在，生于贫家。孔子两三岁的时候，父亲就去世了，家道中落。母亲带着孔丘离开郰邑，迁居到鲁国都城，孔丘母子生计之艰难可想而知。孔子十六七岁时，母亲又不幸离世。

为了生计，孔子曾在鲁国权贵季氏的门下做过管理仓库账目和放牧的小吏。后来，孔子还从事过以襄礼助丧为业的职业。孔子晚年回忆说："出则事公卿，入则事父兄，丧事不敢不勉，不为酒困，何有于我哉！"

虽然家境贫寒，但是鲁国浓郁的礼乐文化氛围和母亲的教导，使孔子从小就好学上进。孔子从很小的时候就开始学习礼仪。稍长之后，农闲时节到"乡校"初步学习了"六艺"（礼、乐、射、御、书、数），并开始关注社会问题。15 岁时，教育平民子弟的乡校学习已经不能满足孔子的追求，但是又没有资格进入贵族学校接受教育，孔子只能自学。自学的内容主要集中在当时最重要的学问，如《礼》《乐》《诗》《书》等高层次的文化知识上。

这时的孔子已经以步入上层社会作为人生目标。鲁昭公七年，鲁国执政大夫季武子举行飨士的宴会，17 岁的孔子刚刚丧母，身着孝服贸然赴会，被季氏家臣阳虎拦在门口，轻蔑地说："季氏飨士，非敢飨子也。"这一遭遇进一步激发了孔子发愤自学的志向。

由于条件有限，孔子无法得到可以学习的书籍，只能以看问的方式获取知识。如到鲁国太庙观看庆典、祭祀的礼仪活动，遇到不明白的地方就向人请教。有人笑话他说："孰谓鄹（陬）人之子知礼乎？入太庙，每事问。"孔子不以为然地说，不懂就问才是真正的礼。

孔子在学习方面非常虚心、刻苦。孔子随师襄子学鼓琴《文王操》，苦练了很久，师襄子认为已经可以了，孔子却说："我只掌握了这首曲子的弹法，但未得其数。"又练了很久，师襄子说，"你已于其数"，可是孔子说"未得其志"。又过了相当长的时间，师襄子认为真的可以了，但孔子仍然认为自己没有弹好，于是继续钻研，体会其内涵，直到文王的形象在乐曲中表现出来才罢休。

老子（老聃）见闻广博，他做周守藏史（相当于国家图书馆馆长）时，孔子向他请教周礼，老子见他虚心好学，非常高兴，认真地教导孔子。在给孔子送行时，他说："听说有钱人送行时送钱，有德行的人赠几句话。我没有钱，所以冒充有德行的人送你几句话：第一，有些古人早已死了，甚至骨头也都没了，但他们的话还留着；第二，君子遇着合适的时机，就驾车而去；第三，会做买卖的人把货物藏起来好像都没有什么似的，道德极高的人看上去好像挺笨的；第四，你应当去掉骄傲和欲念，这些对你都没有好处。"孔子回到鲁国，对弟子们说："鸟，我知道它会飞；鱼，我知道它会游；走兽，我知道它会跑。会跑的可以用网去捉，会游的可以去钓，会飞的可以用箭去射。至于龙，我就不知道它是如何上天的。我见到老子，就无法捉摸他，他应该是一条龙吧。"

孔子周游列国，到处讲学。一天，他在赶路，发现三个小孩正在玩耍，其中一个小孩用土堆成一座城。孔子的车被土城挡住无法走了。可是这个小孩仍然玩得兴致勃勃。孔子微笑着说："车来了要让路，你怎么不知道呢？"小孩抬起头用大人的口气说："自古以来，只听说车绕城而过，哪有城避开车的道理？"孔子非常诧异，对这个孩子产生了兴趣，决定考考他，提了涉及天文地理、自然现象、伦理道德等方面的许多问题，小孩都能滴水不漏地对答。

小孩反问了孔子几个问题，孔子却一个也回答不上来，孔子感慨道："后生可畏也。"就说："咱们赌一盘棋吧。"小孩正色拒绝道："君主好赌，天下就不太平；诸侯好赌，就没有心思治理国家；官员好赌，就会耽误处理政事；农民好赌，就会错过耕种时节；做学问的人好赌，就会忘记诗书礼仪；孩子好赌，就该挨揍。赌博是无聊、无益的，学它做什么？"孔子听后，产生了由衷地敬佩，他拜这个孩子为师，这个孩子就是项橐。孔子不耻以孩童为师，也为后人所称赞。

孔子坚持"十室之邑，必有忠信""三人行，必有我师焉"的信念，勤学好问，在"而立之年"终于学有所成。后来，孔子的名气越来越大，推动着孔子进入创办私学，收徒讲学的新的人生阶段。

因材施教　诲人不倦

在收徒讲学时，孔子实行“有教无类”“因材施教”的教学方针，注重启发诱导，收到良好效果，即使是同一个问题，他的答案也是因人而异。

有一次，颜渊问仁，孔子说：“克己复礼为仁。”关于如何做到克己复礼，孔子说：“非礼勿视，非礼勿听，非礼勿言，非礼勿动。”由于颜渊品德好，聪明好学，领悟力强，所以孔子告诉他“克己复礼为仁”，强调要依礼而行，“仁”和“礼”要紧密结合。

而当弟子仲弓请教什么是“仁”时，孔子说：“出门如见大宾，使民如承大祭。己所不欲，勿施于人。在邦无怨，在家无怨。”这是因为孔子曾认为仲弓有雄才大略，性格仁慈贤德，适合侍奉君主和管理人民，因此指出对待君主和人民要严肃认真，要宽以待人。

司马牛去请教“仁”时，孔子又回答说：“仁德的人，说话往往是缓慢而谨慎的。”这是因为司马牛“言多而噪”，所以孔子对他就强调说话要谨慎，要言行一致。因此，宋德说：“夫子教人，各因其材。”

再如子路问孔子：“听到一个道理就马上去实行吗？”孔子说：“有父兄在，怎么可以听到就去实行呢？”冉求问同一个问题时，孔子却说：“对，马上去实行。”公西华见此便问，孔子说：“冉求遇事畏缩，要鼓励他勇敢；仲由遇事轻率，应该叮嘱他慎重。”

孔子还认为:“中人以上,可以语上也;中人以下,不可以语上也”。

子路一次去集市买菜,看见一位摊主在给客人称白菜。称好后,摊主将顾客付的钱数了两遍说:“每斤八铢,你买了四斤,应该是三十二铢,可你只付了三十一铢。”买主说:“四八三十一,你却说四八三十二,这不是坑人吗?”

摊主反驳道:“四八三十二,连小孩子都知道,你简直是胡搅蛮缠!”双方争得面红耳赤。

子路劝买主说:“四八三十二,一铢钱的事,你还是补上吧!”摊主发现为自己评理的是孔子的得意门生,于是连连称谢。可买主竟将了子路一军:“亏你还是孔子的学生,竟然连这都弄错了!你如果不认错,我们就去找孔子去评理!”

子路愤怒地说:“如果我说错了,就将头上的帽子送给你。”买主也说:“如果我错了,我就把头砍下来送给你!”

三人一起去见孔子。见到孔子后,子路将事情的来龙去脉说了一遍,孔子沉思片刻,严肃地说:“四八三十一,子路把帽子给买主吧。”子路以为自己听错了,又暗自纳闷,碍于礼节,还是将帽子送给了买主。买主又奚落了子路一番后,大摇大摆地走了。

子路待买主一走,就急切地问孔子:“先生,四八三十二,您为何说是我错了呢?”孔子问道:“你觉得对错重要还是那位买主的性命重要?”子路回答:“当然是性命重要。”孔子欣慰地说:“这就是原因了。那位买主显然神智有问题，所以才认为四八三十一。如果我说他错了，为了区区一铢钱，弄不好会闹出人命来，值得吗?”子路恍然大悟，而摊主也心平气和地离开了。

注重道德的广泛性

鲁国当时规定，凡是在其他诸侯国看到有鲁国人被卖为奴隶的，可以花钱把他赎出来，待回到鲁国后，由国库报销。孔子的一个学生看到有鲁国人在其他诸侯国被卖为奴隶了，就把他赎了出来。回到鲁国后，他没去国库报销，别人就评价说他高风亮节。孔子知道后，却把这个学生大骂一顿。别人很奇怪，赎了人，又不花国家的钱，这是好事，不是品格高尚吗?孔子说，这个人赎了人回来后没有去报账，以后别人看见做奴隶的鲁国人，本来想把赎出来，又想，我赎了以后，如果去报账，别人就会说：以前某某赎人后不报账，你去报账，你的品格不如他。这样，这个人就可能不去赎人了。所以，这个做法从长久来看是有害的。

孔子很敬佩郑国大夫子产，也跟他有过交往，在思想上也受了他的一些影响。如郑国发生火灾，别人要子产去求神：“要不然，还得再发生火灾。”子产不说：“天道远，人道近；我们应该讲与百姓利益切近的人道，不应讲渺渺茫茫的天道。”郑国有了水灾，别人请他去祭祀龙王。子产说：“我们和龙王谁跟谁也不相干。”孔子在天道、人道方面与子产很相像。季路问鬼神，子曰：“未能事人，焉能事鬼?”又曰：“未知生，焉知死?”也就是说，要反对盲目崇拜鬼神，更要反对不做人世间的事情而把人力、物力浪费在敬奉鬼神上面。类似的反对迷信鬼神的话，《论语》中还有许多，最著名的是“子不语怪、力、乱、神”。其他的如“敬鬼神而远之”“敬神如神在”等。“祭神如神在”同伏尔泰的“即使没有上帝也要造一个出来”有异曲同工之妙。

毕生致力于恢复周礼

痛感于东周以来列国纷乱、“礼崩乐坏”的社会现实，孔子一直把恢复礼制作为自己的责任和追求。

一年秋天，乌云翻滚，寒风阵阵，落叶飘零，随风翻飞。年少的孔子正聚精会神地在窗下读书，由于衣服单薄，他不时地搓手取暖。母亲劝他歇一会儿，孔子站起身，拿起放在桌旁的行礼用的俎豆出了屋门。母亲忙说：“外面风大，天又这么冷，眼看就要变天了，你不要到院子里去玩了。”孔丘回答道：“如果我现在不学好礼仪，长大后就连做人的道理都不知道了。我这是在祭神灵，行大礼呢！”在礼崩乐坏的时代，孔丘的这些举止确实是非同凡响。

公元前 535 年，孟僖子陪鲁昭公到楚国访问，因不懂礼仪而大出洋相，他感到很惭愧，回国后便到处向人学礼，开始注意到办学成名的孔子。公元前 518 年，孟僖子临终时，要求他的两个儿子在他死后师事孔子，学好礼。

这一年，孔子 34 岁。由于孟僖子的大力推荐，孔子名声大振，获得了上层贵族社会广泛的认同。不久，孔子获得鲁昭公的支持，并资以车马仆役，前往京师“问礼”，着重考察了礼制、文物、典籍。如问礼于老子，问乐于苌弘，进一步提高了孔子的礼乐文化修养。

当孔子踌躇满志地从京师回到鲁国时，鲁国却出现了鲁昭公同当权贵族“三桓”集团的关系决裂的政治危机。

鲁襄公十一年（公元前562年），原来由鲁国国君掌握的政权力量就被“三桓”实际控制，即“三分公室而各有其一”。鲁昭公四年（公元前538年），“三桓”对鲁国进行了第二次瓜分，鲁国大权尽归季氏，君权式微。礼制上，季氏居然僭礼使用天子专用的“八佾”之舞祭祖，孔子表示：“八佾舞于庭，是可忍也，孰不可忍也!”孔子从京师问礼归来时，鲁国发生了“斗鸡之变”。鲁昭公试图联合其他大臣除去把持国政的季氏，结果反被“三桓”打败，昭公被迫逃亡齐国。孔子不久也带着弟子逃往齐国。在齐国期间，孔子继续考察学习礼乐，如学习齐乐，留下了“与太师语乐，闻《韶》音，学之，三月不知肉味”的美谈，还曾赴杞国考察夏礼。

鲁定公十年（公元前500年），鲁齐在夹谷举行会盟。由于孔子熟知礼仪，而且他与齐国君臣有过交往，所以，陪同鲁君赴会。齐国执事者以献“四方之乐”为名，企图趁乱劫持鲁定公。孔子一面保护鲁定公，一面指责齐国失礼。诸侯失礼在当时是很大的丑闻。齐景公只好当即认错。齐人在盟誓时又提出，如果齐国有事战争，鲁国必须派三百乘兵车相从。孔子则提出，齐国必须归还因阳虎之乱而被齐国占领的汶阳之田。就这样，孔子利用周礼和自己的勇敢机智，顶住齐国的外交攻势，为鲁国争得了荣誉和利益，圆满完成了自己的使命。

整理六经　获麟绝笔

公元前484年，颠沛流离了14年的孔子返回鲁国，到73岁去世，在故乡度过了一生中最后的5年。在这5年间，孔子以“国老”的身份咨政，还进一步发展自己的教育事业。孔子把更多的精力投入整理古代文化遗产的工作中，其成果就是被尊为“六经”的《诗》《书》《礼》《乐》《易》《春秋》。

在孔子归国的前一年，他的妻子去世。大约孔子70岁时，他的独生子也去世了。次年，他最钟爱的弟子颜回去世，他悲呼：“天丧予！天丧予！”另一个得意门生子路也在宫廷政变中惨死。鲁哀公十六年（公元前479年），孔子修《春秋》时，一头据称麟的怪兽被人猎获。麟是仁兽，不应该在乱世的时候出来并被猎获，孔子认为这是他的理想不能实现的征兆，叹息说：“吾道穷矣。”“西狩获麟”之后，他就罢笔不再修史，世称“获麟绝笔”。在“泰山其颓乎！梁木其坏乎！哲人其萎乎！”的哀叹中，孔子走完了自己73年的人生旅程。

文化巨人　文明使者

孔子的思想博大精深，包含哲学、道德、政治、教育等方面的观点和学说。简而言之，“礼”与“仁”的观念以及由此建构起来的仁学思想，是孔子思想体系的核心。孔子所维护的礼包含两个方面：尊尊、亲亲。“尊尊”，就是在等级制的基础上，位卑者对位尊者的尊崇和服从。首先要尊君，“事君尽礼”“事君，能致其身”。“亲亲”就是对亲族的爱，如父慈子孝、兄友弟恭等，主张“弟子入则孝，出则弟”“事父母能竭其力”。“尊尊”体现的是等级制的原则，“亲亲”体现的是宗法制原则。

“仁”的观念是一种内在的要求和精神品格。孔子将二者结合起来，以“仁”的内在要求来解释“礼”的外在规范，从而建构起一整套仁学思想体系。

孔子思想另一个重要组成部分是中庸思想。中庸则是孔子把“仁”“礼”用于政治、社会生活的方法论。中庸要求处理任何事情都要不偏不倚，恰到好处，即“允执其中”“过犹不及”。中庸还提倡“和而不同”，既要妥善地调和、融通矛盾的对立面，又能保持彼此的差异性。孔子认为“君子和而不同，小人同而不和”，中庸不是毫无原则的庸俗的折中主义。

孔子最大的贡献是创立了儒家学派的思想学说。在儒家两千多年的历史中，儒家理论不断丰富和发展，成为我国思想史上绵延最久、体系最庞大，对社会历史影响最深广的一大学派。

在长期的历史发展和社会生活中，儒家思想渗透人们的观念、行为、习俗、信仰、思维方式和情感模式之中，成为人们自觉不自觉地安排生活、处理事务、协调关系的基本原则，最终积淀为中华民族独特的文化心理结构。中华民族和中华文化历经几千年内忧外患而始终保存、延续和发扬光大，与这种文化心理结构所催生出的强大凝聚力和生命力具有重要关系。

儒家典籍自汉唐以来渐次传入朝鲜、日本等亚洲国家，对这些国家的各个方面产生了深远影响，形成“儒家文化圈”。从明朝西方传教士纷纷来华开始，儒家思想越过重洋，传入西方，并产生了广泛影响。

五、墨学始祖——墨子

天下无人，则墨子之言犹在！

墨子像

墨子（约公元前 470~前 382 年），姓墨，名翟，鲁国人。他是我国历史上第一个代表劳动者愿望和要求的思想家，提出了一系列具有鲜明劳动阶级立场的学说。其创立的墨家学派，是先秦时代唯一能与儒家学派相抗衡的“世之显学”。

文献关于墨子的生平事迹记载很少。楚国大臣穆贺曾当面称他为“贱人”（劳动阶级），他也承认。墨子的言谈不离耕织之事、百工之业，与鲁班比过智巧。《韩非子》记载，墨子做过一只木鸢，可以在空中飞翔一天，众人称赞他的神巧，可他认为这远不如他制造的车子，可以用咫尺之木，不到一天就能做好车轴，可以承载很重的货物，经久耐用。战国时代著名的名辩家惠施也称赞“墨子大巧”。可见，墨子应该出身于下层劳动阶级，而且是一位技艺精湛的工匠。

墨子的思想主要包括兼爱非攻、捍卫道义、尚贤尚同、天志明鬼、尚力非命、节用节葬等。

兼爱非攻

“兼爱”讲的是“爱无差等”，即爱一切人，大到国家之间，小到人与人之间。“非攻”主要表现在国家之间，反对一切非正义的战争。墨子是支持防御战略的，他曾经多次带人参与守城的战争。

墨子不仅宣传自己的主张，而且不遗余力地将其付诸实践，因此其做出了许多见于记载的壮举。如止楚攻宋，他以自己的智慧，制止了一场楚国即将入侵宋国的战争，实践了其“兼爱”“非攻”的主张。为了帮楚国进攻宋国，鲁班为楚王制造了攻城的云梯。墨子获知这一消息后，就日夜兼程赶往楚国郢都。他先去见鲁班说：“北方有人侮辱了我，我想请你杀了他”。鲁班很不高兴。墨子又说：“我可以千金作酬。”鲁班说：“我只讲道义而不杀人。”墨子向鲁班拜了两拜说：“我听说你为楚国造了攻宋的云梯。宋国有什么罪呢？楚国人少地多，以牺牲本来就很少的百姓为代价，去争夺本来就有余的土地，这是不明智的。宋国无罪而去攻打，是不仁义。”鲁班只好推说已经答应楚王而无法挽回。墨子去见楚王，说：“如果有人不坐自己华丽的车子，却去偷邻居的破车；不穿自己绣花的绸衣，而去偷邻居的布衣；不吃自己的米饭鱼肉，而去偷邻居的糟糠。为什么会这样呢？”楚王说：“一定是这人犯了偷窃的毛病。”墨子分析说，楚国和宋国相比，地广物丰，如锦衣肉食和粗布糟糠一样，楚国如果攻宋，就和前面所说的三件事一样了。楚王说：“道理不错，但鲁班已经造好云梯，我一定要攻宋。”墨子请求跟鲁班比试攻守本领，以衣带代替城墙，用小木片代替器械。鲁班使出浑身解数攻城，却被墨子挡住。鲁班技穷后说：“我还知道怎么对付你，但是我不说。”墨子说：“我也知道你想怎么对付我，我也不说。”楚王问究竟怎么回事，墨子说：“鲁班不过是想杀死我，然后就没有人助宋守城了。其实，我的弟子有三百多人，已经准备好防御器械，在宋国城上等着楚军呢。”楚王只好放弃了攻宋的打算。

齐国准备攻打鲁国，墨子不顾年事已高，劝说齐太公。墨子以刀砍人而人头落地算刀锋利为比喻，进而问谁应该承担杀人责任。齐太公说，杀人的责任在于执刀者。墨子说：“攻占弱小的国家，屠杀无辜百姓，谁应该承担这不道义的责任呢？”齐太公思忖很久承认道：“我应当承担责任。”

捍卫道义

墨子见到老朋友很高兴。老朋友劝他："现在没有人行义了，你又何必吃苦行义，不如算了吧。"墨子说："有个人有十个儿子，一个耕种，其他九个都闲着，耕种的这个就不能不更加紧张了。因为吃饭的人多而耕种的人少。现在天下没有人行义，您更应该勉励我行义，怎么反而劝阻我呢？"

吴虑是鲁国南部地区的人，夏天耕作，冬天制陶，以尧舜自比。吴虑对墨子说："义，贵在切实可行，何必到处宣传！"墨子说："你亲自陶稼，使民得利，但获利太小，而我宣传的义，可以拯救天下，如此巨利怎能不去宣传？"墨子以"兴天下之利，除万民之害"为己任，到处宣传行义。后来，他逐渐认识到，应该组织更多的人为义献身，为此他创办了人类历史上第一个综合性平民学校，史称"弟子弥丰，充满天下"，其学说也"言盈天下"。

墨子还善于根据游说对象的实际情况突出其宣传重点："凡入国，必择务而从事焉。国家昏乱，则语之尚贤、尚同；国家贫，则语之节用、节葬；国家熹音湛湎，则语之非乐、非命；国家淫僻无礼，则语之尊天、事鬼；国家务夺侵凌，即语之兼爱、非攻。"

墨子通过各种方式培养了许多弟子，让他们到各地用墨家学说改造社会。当时卫国最弱小，也就最需要治国人才。墨子就派弟子高石到卫国活动，卫君听说高石是墨子的得意弟子，就欣然同意，并把他安排在宰相的位置上，给予很高的俸禄。高石三次把自己的治国主张说给卫君，但是卫君并没有去实践。高石愤而离开卫国，拜见墨子说："卫君是因为尊敬您，才让我当了宰相。但是卫君把我的治国主张都当成了耳旁风，因此我离开了卫国。卫君恐怕认为我发疯了吧？"墨子安慰道："如果离开卫国合乎正义，即使被骂发疯，又有什么损害？周公平定管叔之乱，周成王亲政后，周公就辞去相位，人们说他疯了。但后人称颂他的美德，至今不衰。况且'从事正义事业，就不能回避诋毁而追求赞誉。'"高石说："从前，您教育我们：'若天下无道，仁人志士就不能因为高官厚禄就留在那里。'如今卫君无道，我如果贪恋高官厚禄，那就成了尸位素餐的小人了。"墨子把高石的故事讲给了另一个弟子禽滑厘，然后深有感触地说："不顾道义地追求高官厚禄，是大有人在的；高石身上充分表现出抛弃高官厚禄而捍卫道义的精神，让我非常欣慰。"

尚贤尚同

墨子认为，国君应该由国中贤者充任，百姓应以贤者之是非为是非。同样上层应了解下情也很重要，唯有如此才能赏善罚暴。"尚贤"要求君主尚贤使能。墨子把尚贤看作政事之本，提出"官无常贵，民无终贱"的主张。这与孔子以"亲亲"为基础的举贤是有很大区别的。墨子则把贤才推举的范围扩大到民间，"官无常贵，而民无终贱，有能则举之，无能则下之”，“虽在农与工肆之人，有能则举之”。这种贤人政治理想在当时甚至后来很长一段时间的思想界可以说是绝无仅有的。墨子主张：“选天下之贤可者，立以为天子。天子立，以其力为未足，又选择天下之贤可者，置立以为三公。天子、三公既以立，以天下为博大，远国异土之民、是非利害之辩不可一二而明知，故画分万国，立诸侯国君。诸侯国君既已立，以其力为未足，又选择其国之贤可者，置立以为正长。”在尚贤的基础之上，墨子主张“尚同”，实行自上而下的思想统一：“正长既已具，天子发政于天下之百姓，言曰：闻善而不善，皆以告其上。上之所是，必皆是之；所非，必皆非之……里长发政里之百姓，言曰：闻善而不善，必以告其乡长。乡长之所是，必皆是之；乡长之所非，必皆非之……”如此可以消除“一人一义，十人十义，百人百义”的局面，实现“一同天下之义”的境界。

天志明鬼

墨子相信有意志的天和鬼神的存在，认为天不仅决定星辰、四时、寒暑等自然界的运动变化，还对人世政治起支配作用。君主如果违背天意就会受到上天的惩罚，反之，则得天之奖赏。墨子不仅坚信有鬼神，而且认为鬼神可以对人间君主或贵族赏善罚暴。墨子认为，“三代圣王既没，天下失义”，是因为人们“疑惑鬼神之有与无之别，不明乎鬼神之能赏贤而罚暴也。今若使天下之人，偕若信鬼神之能赏贤而罚暴也，则夫天下岂乱哉”！把人的道德和社会主张融入“天意”，借“天意”来宣扬政治主张和社会理想，是墨子鬼神思想的一个重要特征。

他甚至将天的意志视作能为自己可以运用的工具：“我有天志，譬若轮人之有规，匠人之有矩。”这反映了当时小生产者的愿望、要求及其精神面貌。

墨子虽然主张敬天事鬼，但反对命定论。他认为，天与鬼只是要对人们的善行恶举加以公允的奖惩。因为命定论容易使人把自己的责任推卸给“天”，解除本应该通过奖惩实现的对人的行为的约束，最终导致天下大乱。墨子的学生也多次就鬼神问题提出质疑。有一次，墨子生病了，弟子去看他，纳闷地问道：“您说鬼神无所不知，善有善报，恶有恶报。您是闻名天下的圣人，怎么也会得病呢？是不是鬼神并不是什么都知道？”墨子说：“人得病的原因很多，不是鬼神的问题。”

尚力非命

为了维护统治，统治者一直向劳动人民灌输地位差异的天命思想，迫使劳动者只能屈服于命运的安排。墨子则提出了非命论，反对天命论。他说：“自古而至今，生民以来，亦尝有闻命之声、见命之体者乎？则未尝有也。”而“执有命者”则宣扬“命富则富，命贫则贫；命众则众，命寡则寡；命治则治，命乱则乱；命寿则寿，命夭则夭”，如果人们失去积极奋斗的信念，整个社会将受到很大的危害："今用执'有命'者之言，则上不听治，下不从事。上不听治则刑政乱，下不从事则财用不足。"所以，墨子说："执'有命'者不仁"，"今用执'有命'者之言，是覆天下之义。"

"非命"说的提出，使处于下层阶级的劳动者大受鼓舞。

节用节葬

"节用""节葬"是墨子从其小生产者的立场提出的主张，具有鲜明的实用主义色彩。节用观抨击君主、贵族的奢侈浪费，尤其反对厚葬之俗。在墨子看来，君主、贵族都应像大禹一样，过近乎苛刻的俭朴生活。"节用"是为了反对奢侈浪费，增加社会财富。《墨子·辞过》篇列举了君主厚敛于百姓，修建豪华宫室、制作华丽衣服和烹制精美饮食等侈靡行为，提出规劝，主张"凡费财劳力，不加利者，不为也"。墨子还把"节用"看作"圣王之道"，可以给天下带来"大利"："为政一国，一国可倍也"，"为政天下，天下可倍也"。

"节葬"是"节用"的自然推衍。墨子认为："衣食者，人之生利也，然且犹尚有节；埋葬者，人之死利也，夫何独无节！"《节葬下》篇具体分析了厚葬对人们生产、生活、社会秩序乃至生育繁衍的种种危害，必然导致"国家必贫，人民必寡，刑政必乱"，甚至会使"大国耆攻之"。所以，墨子极力倡导"古圣王"制定的"桐棺三寸，衣衾三领"的薄葬之法。墨子提出的丧葬标准为：“棺三寸，足以枯骨；衣三领，足以朽肉。挖地之深，下无菹漏，气无发泄之上，垄足以期其所，则止矣”，“哭往哭来，反从事于衣食之财，佴乎祭祀，以致孝于亲”，“丧虽有礼，而以哀为本焉”。墨子的薄葬短丧主张，一方面指斥当时的贵族厚葬久丧风气不利于天下国家，另一方面说明厚葬久丧并非先王的体制。

总之，墨子的思想学说更多的还是具有开拓精神的新观点，虽然其思想无法超越他作为一个小生产者的时代和阶级局限。但是，墨家学说无疑是先秦思想史上最富个性特征的学说之一。

六、儒家复圣——颜回

一箪食，一瓢饮，居陋巷，人不堪其忧，回也不改其乐，贤哉回也。

颜回像

颜回（公元前521~前481年），字子渊，春秋时期鲁国人。13岁时即拜孔子为师，在孔门弟子中，孔子对他称赞最多，称赞其“好学”“仁人”。自汉代起，颜回被列为七十二贤之首，有时祭孔时独以颜回配享。唐太宗尊之为“先师”，唐玄宗尊之为“兖公”，宋真宗加封其为“兖国公”，元文宗又尊其为“兖国复圣公”，明嘉靖九年（1530年）改称“复圣”。曲阜有“复圣庙”，后世尊其为“复圣”。

陋巷出圣人

颜回初见孔子时，不过是个 13 岁的孩子，身材短小，衣衫简陋，面黄肌瘦，额头却出奇高，双眼深凹，炯炯有神，透着机智、聪慧。向孔子磕了三个头，颜回就算成了孔门弟子。

初见面，颜回并没有给孔子留下太深刻的印象。渐渐地，孔子发现，在诸多弟子中，颜回是读书最用功的，而且颜回很少提问，只是瞪着一双大眼睛“贪婪”地听孔子讲经授业。放学后，颜回总是最后一个走，又总是第一个来到学堂，然后就捧卷诵读。孔子很奇怪颜回为什么回家吃饭这么快。

孔子有一天派人偷偷跟随颜回。原来，颜回家住贫民区。平时，颜回的父母在外种地或给人帮工，都不回家吃饭。这样，母亲每天走时给颜回做一锅菜汤。颜回到家就直接津津有味地吃起来，如果吃不饱，他就跑到井边，用水瓢舀水喝，然后就返回学堂了。孔子听了回报非常怜悯颜回，十分叹服：“一箪食，一瓢饮，居陋巷，人不堪其忧，回也不改其乐，贤哉回也。”后人把颜回居住的街称为“陋巷街”，把颜回喝水的井叫作“陋巷井”，井上修建了“颜乐”亭，以追念颜回贫贱不改志向的德行。

颜回家境贫寒，又不善言辞，因此一些富家弟子非常看不起他，有时还借故欺侮他。颜回却从不与他们计较，只是一门心思用功读书。一天，有个同学的铜方圈丢了，就怀疑是被颜回偷了。有的同学就在颜回面前旁敲侧击，但颜回依然镇静自若，不理不睬。这样，同学们更加怀疑他了。这天放学后，很多同学都到孔子面前告状，说颜回偷了铜方圈，开始孔子不信，但告状的人多了，孔子也就不能不信了，就要把颜回赶出学堂。可转念一想，大家只是怀疑颜回偷了铜方圈，如果不是他，不是冤枉他了吗？孔子拿出一锭金子，写了几个字，说："这样试试他吧！"饭后，颜回又第一个来到学堂。他一进门脚就碰到一个硬东西，颜回穿的是草鞋，这下子碰得可不轻，疼得他弯腰揉脚趾，看到地上有个纸包。颜回心想，什么东西这么硬，他拾起纸包，打开一看，是一锭黄澄澄的金子，纸包上写着："天赐颜回一锭金。"颜回笑了笑，也在上面写了几个字，又把金子包好放回原处，然后到自己的座位上开始学习。有同学趁颜回不注意，把那纸包捡起来交给孔子。孔子打开一看，纸包上又多了几个字："外财不发命穷人"。那些怀疑颜回偷方圈的弟子们见此都低下了头。

敏而好学

颜回刚成为孔子学生时，年龄最小，性格内向，有人觉得他有些笨。有一次颜回看见五色鸟在河里戏水，便问同行的子路是什么鸟。子路说："这是荧荧鸟。"又过了一段时间，颜回与子路又碰见五色鸟，颜回又问子路这是什么鸟，子路说："这是同同鸟。"颜回反问道：

“为什么一种鸟会有两个名字？”子路说：“就像这里生产的绢，用清水漂洗就是帛，用颜色染就是皂，一种鸟有两个名字也是很自然的。”颜回知道子路是在狡辩，但无法反驳，于是就去问孔子：“朋友应该如何交往呢？”孔子说：“君子对于朋友的过错，应该是帮助对方改正错误，这是仁人之交。不忘旧好，不记旧怨，是仁的表现。”颜回听了，若有所悟。从此颜回谨记教诲，以宽容的态度对待朋友，逐渐得到大家的尊重，孔门弟子日益和睦，孔子夸赞颜回：“自我有颜回，门人益亲。”

颜回的忠厚品质与内向性格，掩盖了他的智慧，孔子也是经过深入观察才了解到颜回的聪颖。《论语·为政》记载：“子曰：‘吾与回言终日，不违，如愚。退而省其私，亦足以发，回也不愚。’”

《易》是六经中比较深奥的一部，在整理过程中，颜回废寝忘食，终因劳累过度而死。颜回去世后，孔子在颜回整理的基础上“韦编三绝”，后世得以保存了完整的《易经》。

终生侍师

颜回对老师孔子的尊敬超出一般尊师之情，他以尊崇圣哲之情尊崇孔子。

颜回曾感慨：老师孔子的道，越看越觉得它高明，越钻研越觉得它深奥。当觉得它等我们向前面寻找时，它又忽然出现在后面。虽然老师的道这样高深，但老师善于引导我们，用各种典籍来丰富我们的知识，又用礼来约束我们，使我们永不停止学习的步伐。我虽然用尽我的才力来学习，也能独当一面，但要再进一步，又不知如何着手。少正卯与孔子争夺弟子时，“孔子之门三盈三虚”，但颜回从未离开孔子半步，后人评价说：“颜渊独知孔子圣也。”

颜回曾随孔子周游列国14年。公元前497年，孔子开始周游列国。鲁哀公四年至六年，颜回随孔子辗转于陈国、蔡国、叶国、楚国之间。楚王慕贤听说孔子一行至陈蔡之间时，就派人去请孔子等人。陈、蔡深恐孔子入楚于己不利，便派兵拦截。为躲避陈、蔡的袭扰，孔子一行只好在荒无人烟的地方前行，但也陷入了无食可觅的境地。

孔子知道弟子有怨气，乃召子路而问曰：“《诗》云：‘匪兕匪虎，率彼旷野。’吾道非邪？吾何为于此？”子路曰：“意者吾未仁邪？人之不我信也。意者未吾知邪？人之不我行也。”孔子曰：“有是乎？由，譬使仁者而必信，安有伯夷、叔齐？使知者而必行，安有王子比干？”子路出，子贡入见。孔子曰：“赐，《诗》云：‘匪兕匪虎，率彼旷野。’吾道非邪？吾何为于此？”子贡曰：“夫子之道至大也，故天下莫能容夫子。夫子盖少贬焉？”孔子曰：“赐，良农能稼而不能为穑，良工能巧而不能为顺，君子能修其道，纲而纪之，统而理之，而不能为容。今尔不修尔道而求为容。赐，而志不远矣！”子贡出，颜回入见。孔子曰：“回，《诗》云：‘匪兕匪虎，率彼旷野。’吾道非邪？吾何为于此？”颜回曰：

“夫子之道至大，故天下莫能容。虽然，夫子推而行之，不容何病，不容然后见君子！夫道之不修也，是吾丑也。夫道既已大修而不用，是有国者之丑也。不容何病，不容然后见君子！”夫子欣然而笑曰：“有是哉，颜氏之子！使尔多财，吾为尔宰。”在最艰难的时刻，颜回仍坚定地相信孔子之道。颜回作为孔子周游列国的重要追随者，并且帮助老师一次次脱离险境。孔子曾在匡地被围，与颜回失散。后来见到颜回，孔子激动地说：“吾以女为死矣。”颜回恭敬地回答：“子在，回何敢死？”

推崇无为而治

舜实行的“无为而治”，就是儒家倡导的以“民”为本的“王道”思想。颜回与此“所追同一”，孔子让他“言志”时，颜回曰：“愿无伐善，无施劳。”颜回的德治思想，就是以“仁德”为主，是孟子“仁政”思想的基础。

定公问于颜渊曰：“东野子之善驭乎？”颜渊对曰：“善则善矣！虽然，其马将失。”定公不悦，入谓左右曰：“君子固谗人乎！”三日而校来谒，曰：“东野毕之马失，两骖列，两服入厩。”定公越席而起曰：“趋驾召颜渊！”颜渊至。定公曰：“前日寡人问吾子，吾子曰：‘东野毕之驭，善则善矣！虽然，其马将失。’不识吾子何以知之？”颜渊对曰：“臣以政知之。昔舜巧于使民，而造父巧于使马。舜不穷其民，造父不穷其马，是以舜无失民，造父无失马也。今东野毕之驭，上车执辔，衔体正矣；步骤驰骋，朝礼毕矣；历险致远，马力尽矣。然犹求马不已，是以知之也。”定公曰：“善！可得少进乎？”颜渊对曰：“臣闻之，鸟穷则啄，兽穷则攫，人穷则诈。自古及今，未有穷其下而能无危者也。”

英年早逝

颜回在学习和弘扬儒家学说上，殚精竭虑，将全部心血倾注于此，加上长期的困苦生活，严重地损害了他的健康。公元前 481 年夏历八月二十三日，颜回不幸病逝，为世人留下永远的遗憾。由于家境贫困，以致无力殡葬，最后由其父颜路四处筹措，在其弟子及同门好友的帮助下，才勉强完成葬礼。孔子为此，老泪纵横，悲伤长叹。

鲁哀公听到颜回去世的噩耗，也觉得非常惋惜，他请孔子到宫里，问道：“颜回是先生门下第一贤士，如今早逝，我要吊唁一下，但颜回终生未仕，我用什么样的礼仪合适呢？”孔子说：“你可以将鲁国的百姓都看作臣子。按照古礼，君吊臣，向尸而哭，君送多少吊礼，都是臣子的荣耀。”第三天，哀公吊唁了颜回，并送了吊礼。出殡时，子贡问孔子：“颜回的葬礼应该如何举行？”孔子说：“葬礼要看家里的财力，家贫可以从简，可以用车拉灵柩。”按照孔子的意思，弟子们从简埋葬了颜回。

七、儒家述圣——子思

程颐说："此篇（《中庸》）乃孔门传授心法，子思恐其久而差也，故笔之于书，以授孟子。其书始言一理，中散为万事，末复合为一理；放之则弥六合，卷之则退藏于密，其味无穷，皆实学也。"

子思像

子思，又称"子思子"，名孔伋，字子思，孔子的嫡孙。大约生于公元前 483 年，卒于公元前 402 年。受教于孔子弟子曾参，子思的门人再传孟子，后人称思孟学派。子思上承孔子中庸之学，下开孟子心性之论，对宋代理学具有重要影响，宋徽宗时追封子思为"沂水侯"，元文宗追封其为"述圣公"，因此后人尊称他为"述圣"。

承上启下作《中庸》

《圣门十六子书》记载：孔子晚年有一次在叹息，子思问是不是担心子孙不学无术。孔子惊讶地问他如何知道的，子思回答："我要继承父业，从现在就开始努力学习。"孔子听后很欣慰。

子思的中庸思想对后世产生了较大影响。"中庸"指的是一种不偏不倚、无过无不及的为人处世态度，"中"即"中和、中正"，"庸"即"常""用"。"中庸"一词最早出现在《论语》中，然而作为一种思想其却有久远的历史渊源。据说，尧对舜曾强调要"允执其中"，周公也强调折狱用刑时要做"中正"。孔子在此基础上提出了"中庸"的概念，并将其作为最高道德准则。后来，子思系统阐述了孔子的中庸思想。

关于子思的著述，《史记》载"子思作《中庸》"，《汉书·艺文志》著录《子思》23篇，但已佚。郑玄、孔颖达等认为《小戴礼记》中的《中庸》篇即子思所作。程朱学派对《中庸》尤为尊崇，认为"此篇乃孔门传授心法"，因此朱熹将《中庸》同《大学》《论语》《孟子》合为"四书"，成为儒家最重要的典籍，对中国后世的社会产生重要影响。需要注意的是，《中庸》的一些内容明显不可能是子思时代的语言。所以，《中庸》在传抄的过程中经过后人润色是毫无疑问的。但《中庸》的基本思想是子思的，这一点是无疑的。子思《中庸》的中心思想为"致中和"。"致"即"达到、极尽”，“致中和”也就是“达到中和”，体现了以中和为用的中庸之道。《中庸》以“致中和”为立论关键，对孔子思想进行了全面阐释和发扬。

子思从“天道”与“人性”出发，为“致中和”寻找到前提。孔子认为道德来源于天，子思循此提出“天命之谓性”的观点。“天”含有自然和伦理的双重意义；“性”在朱熹看来为“万物”之性。在子思看来，天所赋予的万物之性就是“中和”：“中也者，天下之大本也；和也者，天下之达道也。”子思将孔子所倡导的中和之德提高到哲学本体论的高度，人、物之性成为对“中和”本质的必然体现。“中和”因此又被称为“诚”。《中庸》说：“诚者，天之道也；诚之者，人之道也”，进而可“与天地参”，实现天人合一。

子思“致中和”理论，为儒家的伦理学说提供了理论依据，使之更完备、系统和富有哲理。韩非子因此论“孔子死后”“儒分为八”，而“子思之儒”是其中重要一派。此外，子思的人性论还开启了孟子的“心性”之说，由此形成思孟学派，促进了“孔孟之道”的形成。

至诚而达天人合一

在“天命之谓性”之后，子思接着的是：“率性之谓道，修道之谓教”，即“致中和”的方法。“率性”就是按照天赋的本性行事，即“道”。子思认为，“道”只有圣人才能自觉地循性以求。其他人，则处在一种自在的状态。要从自在的“性”发展成自觉的“道”，必须经过修道的过程，即“教”。修道主要包括“尊德性”和“道问学”两个方面。“道问学”即朱熹的“致知”的修养功夫，也就是子思的要“知天”“明善”。只有“诚”，充分体现天赋之诚，才能洞悉一切，即“诚则明矣”。圣人是天道或“诚”的化身，因而圣人“生而知之”。对于一般人，则属于“学而知之”“利而行之”或“困而知之”“勉强而行之”，需从“知”“行”入手修身。关于“知”，首先应知道“天下之达道五，所以行之者三。曰君臣也，父子也，夫妇也，昆弟也，朋友之交也”。孟子则归结为“父子有亲，君臣有义，夫妇有别，长幼有序，朋友有信”。要做到这一点，就要仁、知、勇。其中“仁”为根本，“知”是知道仁，“勇”是仁的实践，“知斯三者，则知所以修身”。“知”的方法包括：“博学之，审问之，慎思之，明辨之，笃行之”。其中学、问、思、辨，是关于“知”的。“笃行”，则是在“知”的基础上的实践，因此构成《中庸》修道、致知的完整理论。“尊德性”即朱熹的“存心”修养功夫。特别要求人们要“慎独”，子思认为，君子应时刻存戒慎敬畏之心，要“内省不疚，无恶于志”；只有在隐微之中、独处之时仍能唯道是从，才是真正的“尊德性”。表里如一的道德自觉，是儒家伦理学的一个重要特点。

子思认为，只有兼顾“尊德性”和“道问学”，才能实现“诚身”或“致中和”。如果做到这一点，就可以对个人、国家乃至天下起到神奇的作用。自身可以知进退，无论“居上”或“为下”，都可以审时度势，进退有度。对国家，则能处理好君臣、父子、朋友等社会关系，做到“人存政举”，国治民安；对于天下，“能尽物之性，则可以赞天地之化育；可以赞天地之化育，则可以与天地参矣”，使“天地位焉，万物育焉”。

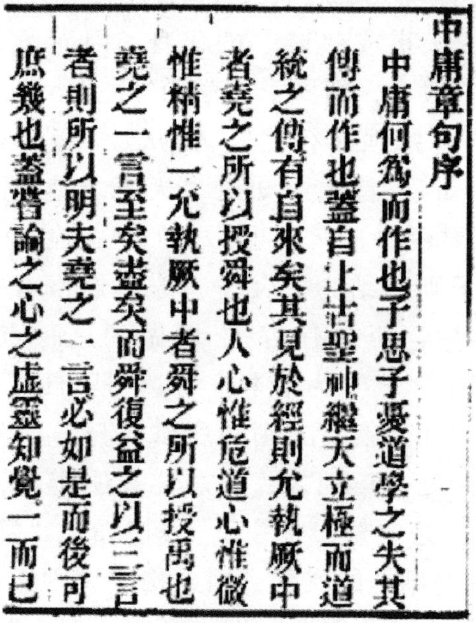
中庸章句序

中庸何爲而作也子思子憂道學之失其傳而作也蓋自上古聖神繼天立極而道統之傳有自來矣其見於經則允執厥中者堯之所以授舜也人心惟危道心惟微惟精惟一允執厥中者舜之所以授禹也堯之一言至矣盡矣而舜復益之以三言者則所以明夫堯之一言必如是而後可庶幾也蓋嘗論之心之虚靈知覺一而已

《中庸》书影

不慕权势　不恋富贵

子思也向往国家实现德治教化，并且努力实现自己的抱负。为了施展抱负，孔子曾仕鲁参政，却以失败告终；孔子曾周游列国，但处处碰壁。鲁穆公请子思做国相，但他以推行自己的学说为重而婉言谢绝。

鲁穆公多次派人送鼎肉给子思，但子思很不高兴，认为鲁穆公把他当成犬马一样来蓄养，而他追求的是信任，借以行道，而非贪图生活上的优待。

子思曾当过鲁穆公的老师，但他专心学问，生活有时捉襟见肘，甚至有上顿没下顿的。有一次，他又到了揭不开锅的地步，朋友季孙听说后，亲自驾车送粮救急，子思喜道，“先生雪中送炭，我恭敬不如从命，全都收下了”。接着感慨道：“粟受五行之气，有五形之变，生为苗，秀为禾，果为粟，去皮为米，蒸饭可食，成为我们的盘中餐。”次日，他另一个朋友听说他的困境，也带着酒肉来了，子思作揖说：“您的好意我领了，恕不能受。”朋友疑惑地说：“这我就不明白了。昨天季孙送来谷物，你收了，今天我来送酒，你却拒我于门外。你这是取多而辞少，于义不容啊。再者我们都是你的朋友，你厚彼而薄此，于情也不合。我助人为乐，也不图后报，现在你无我有，你却不受，于理也不通啊。”子思回答：“我虽然不幸贫穷，至及困乏，几乎无法祭祀先人，所以受粟，因为粟是生命之必需。而酒肉是宴席之物，不是我现在应该追求的。如果才有温饱，我就思饮宴，这是不义。如果违背良心做不义之事，而又不和朋友说心里话，这才是无情。我受礼不为富贵，拒礼只因不需。我虽贫穷，但还不愿意以身为沟壑，这是我做人的原则。”

另有一个故事也可以说明子思虽处于贫穷，但仍能够保持气节。“子思居于卫，缊袍无表。二旬而九食。田子方闻之，使人遗狐白之裘，恐其不受，因谓之曰：‘吾假人，遂忘之。吾与人也，如弃之。’子思辞而不受。子方曰：‘我有子无，何故不受？’子思曰：‘伋闻之，妄与不如弃物于沟壑，伋虽贫也，不忍以身为沟壑，是以不敢当也。’”

藏富于民

孟子请教子思，牧民之道什么最重要。子思说：“先利之。”孟子反对说：“君子教民，仁义而已，何必利？”子思说：“讲仁义，就是为了让百姓得到利益。当政者不仁，胡作非为，则百姓必然流离失所；当政者不义，狐媚隐谋，则百姓也必然尔虞我诈。这是大不利。所以《易》曰：‘利者，义之和也。’又曰：‘利用安身，以崇德也。’这才是大利。”司马光认为，子思和孟子的思想内核是一致的，只是见不同的人说不同的话而已。司马光说：“夫唯仁者为知仁义之利，不仁者不知也。”

从子思与孟子之间的对话可以看出，子思要让民众得到实实在在的好处，认为这是国家政策的中心。在上者行仁义，老百姓才会有好日子过。

八、稷下辩士——淳于髡

天道恢恢，岂不大哉！谈言微中，亦可以解纷。

淳于髡像

淳于髡大约出生于公元前 386 年，逝世于公元前 310 年，是战国时期著名的思想家、政治家，也是齐威王和齐宣王时期稷下学宫最具影响力的学者之一。他积极参与齐国的政治，为新兴封建制度在齐国的建立、巩固和发展作出了很大贡献，深受当时最高统治者的赏识，并成功地由社会底层逐步走向权力中心，成为底层逆袭的成功范例。

有名无字的稷下元老

淳于髡出生于淳于，也就是现在山东安丘的淳于城，这个地方现在知名度并不高，在春秋时期却不容小觑，曾先后成为两个国家的都城：第一个是春秋初年的州国，后来，杞国灭掉州国，淳于又成为杞国的首都，这里还诞生过“杞人忧天”这个成语。淳于髡很可能是这两个国家某个国君的后裔，不过到了他这一代，他的国家应该已被灭亡很久，他也已经落入社会最底层了。“髡”是先秦时期侮辱性刑法，这种刑罚将被判罪者头顶周围的头发剃掉，并且被判罪者还被迫将“髡”作为自己的姓名，使之成为一种终生的耻辱。淳于髡之名即由此而来，其社会地位之低下由此可见一斑。

淳于髡不仅身份低下，而且身材矮小，相貌丑陋，令人不敢恭维。因此，普通人家的女子都不愿意嫁给他。被逼无奈，他只好做了人家的上门女婿。那个时代，是没人愿意做上门女婿的，如果不是实在娶不上妻子，一般人是不会入赘的。但是人不可貌相，是金子总会发光的，淳于髡因为拥有出色的才华，齐国的稷下学宫一创办，他就成了学宫的先生，并且很快就在学术和政治上崭露头角，被齐国君主委以重任。

机智多辩 善于劝谏

淳于髡善于运用“隐语”进行辩论或劝谏。他的语言诙谐幽默而又富含哲理，因其“滑稽多辩”，在《史记》中，司马迁将淳于髡放入《滑稽列传》。

他对齐威王那次著名的劝谏，以及后来劝谏宣王重视人才，都显示出他善用隐语的特点。齐威王刚继位时，齐国内忧外患交织，年轻的国君表现得一筹莫展，不思进取，沉迷酒色，不理朝政，劝谏的臣子也往往受到惩罚。淳于髡顶着压力，运用隐语向新君进谏，最终探明了威王的真实想法：“此鸟不飞则已，一飞冲天；不鸣则已，一鸣惊人。”此后，齐威王开始励精图治，推行了一系列振兴齐国的举措，重用有才干的臣子，处罚不合格的官员，国家治理步入正轨。同时，加强军队建设，主动出击，迫使各诸侯国归还强占的齐国领土。到齐宣王执政时期，齐国政治经济都有所发展，因此，国君开始安于现状，贪图享乐，并且不愿意选拔和重用人才。淳于髡一边劝谏宣王重用人才，一边积极发掘举荐有才之士，所幸宣王也非昏庸之君，齐国很快发展壮大，国力日益强盛。

齐威王时期，淳于髡被封为“上卿”，代表齐国周旋于诸侯各国，并能出色地完成任务。公元前 394 年，楚国向齐国大举进攻，当时楚强齐弱，面对气势汹汹的楚军，齐威王只好派淳于髡去向与齐国交好的赵国寻求援军。出发前，淳于髡看到威王准备的微薄礼品时，忍不住哈哈大笑，威王非常生气，责问淳于髡。淳于髡讽喻齐威王说：“看到您为赵国准备的酬谢礼，我想起刚才看到一个祭祀的仪式，现场摆着一盅酒和一只猪蹄，我听到祭祀者祈祷神灵，想获得五谷丰登，粮食满仓，祭品这么少，却想得到那么多，现在想起来我还忍不住发笑，实在失礼了，希望大王恕罪。”齐威王听了淳于髡话，马上就明白怎么回事了，于是就把礼品增加为黄金千镒、白璧十双、车马百驷，淳于髡带着丰厚的礼品前往赵国，顺利地借来了大量精兵强将。楚军听到赵国出动大兵救援齐国的消息后，就迅速撤军了。淳于髡在外交中为齐国作出的最大贡献是他以使臣的身份将孙膑从魏国带回了齐国，这不仅救了孙膑的性命，而且对当时群雄争霸的形势产生了重要影响。

有一次，齐威王宴请淳于髡，喝到高兴时，威王问淳于髡酒量到底如何，淳于髡借着酒意回答说：“喝一斗也能醉，喝一石也能醉。”这让齐威王迷惑不解，淳于髡解释说：如果当着大王的面喝酒，慑于您的天威，我内心畏惧，战战兢兢，喝一斗就醉了。如果在自己家里陪客人饮酒，我规规矩矩、小心翼翼地陪着，喝两斗就醉了。如果和知心朋友在一起喝酒，喝七八斗可能也没事。如果是乡间盛会，伴随着娱乐活动，我喝十斗也未必能醉。淳于髡以饮酒为喻奉劝威王，不要沉迷于贪图享乐，威王也确实没有辜负他的一片良苦用心，励精图治，选贤任能，使齐国很快成为诸侯中的强国。

善于变通的实用主义

淳于髡博闻强记，学无所主，思想博杂。他的著作很少。据考证，《王度记》是淳于髡的著作，书中主要记载了古代的礼仪制度。

淳于髡很重视周礼，强调周礼对个体行为的约束和规范。但在国家治理上，强调礼法并重，在邹忌被委任为国相时，淳于髡代表稷下学宫的先生们问难，提醒邹忌处理政事必须从全局出发，礼法并重；同时又提出，应该学会变通，不必拘泥于过去的礼法，随着国家形势的变化，应该修订礼法，而不能墨守成规，固守成法。他指出，最大的“礼”是现实的国计民生，如果不能实现国富民强，就应该因时而进，破除旧礼。在与孟子辩论时，淳于髡强调仁者应该能够经世致用，批判孟子虽然身居高位，但既辅佐不了君王，也救济不了百姓，即使是“仁者”，也应该主动让位。由此可见，淳于髡对当时很多所谓的仁人、贤者到处鼓吹自己的主张，却难见实效的做法很不认可。淳于髡倾向于法治、礼法兼重的观念，对稷下学宫的黄老学者产生了很大影响，荀子的“隆礼重法”思想与淳于髡的这种思想也有密切关系。在淳于髡的言论中，也可以看到其“物极必反”“盛极而衰”的道家思想，但他劝谏齐王时坦承自己好色，不是一个“清心寡欲”的人。出使赵国搬救兵时，以“厚利”直接利诱而不是以“义”打动赵国，因此，从总体上看，淳于髡是一个注重实用的杂家，政治上的实用主义思想才是其崭露头角的最重要原因。

九、儒家亚圣——孟子

孟子是儒家仅次于孔子的代表人物，被尊称为“亚圣”。冯友兰认为：“孟子在中国历史地位如柏拉图在西洋史。”

孟子像

孟子，名轲，战国中期著名思想家，邹国（今山东邹城市）人，大约生于公元前372年，逝于公元前289年。

孟子继承了孔子早期的儒家思想，和孔子一样，他也周游列国，在游说诸侯、与诸子百家的论辩中捍卫和宣传孔子的正统思想，在我国漫长的封建社会中，孟子的仁政王道思想深刻地影响着中国社会，孔孟思想成为封建社会占统治地位的思想，孟子也成为儒家仅次于孔子的代表人物，被尊称为“亚圣”。

教子有方的孟母

孟子幼年丧父，母亲担心再嫁会让孟子遭受委屈，就一个人含辛茹苦地抚养孟子，终身未再改嫁。孟母通过言传身教教导孟轲成长的故事很多，最为大家熟知的无疑是“孟母三迁”和“断杼教子”。

孟子一家最初住在墓地附近，由于经常见到抬棺出殡的队伍，孟轲在和周围孩子的游戏中很快就学会了送殡、丧葬等活动，孟母看在眼里，急在心里，虽然家庭困难，搬迁不易，但孟母还是毅然决定离开这个环境。于是她们搬到了一个集镇上居住，集镇上有一个定期举办的集市，生意人很多，耳濡目染，孟子很快又从商人那里学会了做买卖的一系列程序，并和周围的小伙伴们做起了这种游戏。孟母一看，还得搬家。不到半年搬了两次家，换了三个地方。这次孟母决定把家搬到学堂附近，选来选去，最终把家搬到了子思学院附近。子思是孔子的孙子，他创办了这个学堂并在此讲学，很快，年轻的孟轲就迷上了诗书礼仪，孟母非常高兴，决定就在此定居了。

定居下来以后，孟子被送到学堂开始了学习生活，家里主要靠孟母纺纱织布维持生计，但孩子毕竟是孩子，贪玩的天性是改变不了的，一次还没放学，孟子就偷偷地跑回了家，正在织布的孟母一看，生气地把快要织完的布割断了，这意味着这匹布都废了，孟子知道母亲织布养家不易，非常害怕。孟母把儿子叫到跟前说："学习需要日积月累，就像织布一样，如果一曝十寒，半途而废，永远成不了才。"这一场景在孟子脑海里留下了永不磨灭的印象，促使他从小养成了良好的学习习惯。

孟母"杀豚不欺子"的故事也广为传诵。有一次邻居家杀猪，孟子看到后，好奇地问母亲："他们为什么杀猪啊？"孟母随口说道："他们杀猪给你吃肉啊。"孟母说完就后悔了，因为邻居当然不是为了给孟子吃肉而杀猪。为了让孟子养成从小不撒谎的习惯，家庭寒微的孟母就从紧张的家庭支出中硬挤出钱来，买了邻居家的猪肉来做给孩子吃，以此教育孟轲做人要"言必信，行必果"。

正是得益于良好的家庭教育，年少的孟子表现出了对知识的深深渴求，学宫的学习又为他奠定了良好的基础。稍长，孟子正式拜子思为师，深入学习儒家思想，并在周游列国中不断捍卫儒家正统，最终成为仅次于孔子的一代儒学大师，被后世尊为"亚圣"。

宣传王道仁政思想

战国时期，是我国历史上学术最自由的时期之一，诸子百家你方唱罢我登台，都致力于说服当政者推行自己的政治主张。

“性善论”是孟子思想的重要组成部分。孟子认为，人之初，性本善，但为什么性相近，却习相远呢？这是因为虽然“性善”，但这并不代表人当然地就会成为善人。他指出，人初心中“善”的种子主要有四类：仁、义、礼、智。如何让“善”的种子成长壮大呢？就需要不断地接受教育，否则“苟不教，性乃迁”，就可能导致“善性”变化，从而使得“性相近而习相远”。“人性”问题后来也成为诸多思想家、哲学家探究、争论的重要问题。

孟子还曾经举例说，人先天都有仁的种子（恻隐之心）。例如，如果见到一个小孩快要掉到井里了，人都会忍不住拉他一把，这并不是为了讨好孩子的家长或者想在乡亲们面前落个好名声，也不是不想听到孩子惊恐喊叫的声音，而是人天生就有仁爱之心。孟子思想被尊为儒家正统，与他提出的性善论密切相关，这一思想与孔子的仁者爱人思想不谋而合。

为了推行其王道仁政主张，孟子首先来到齐国，并在此待了很长一段时间。当时齐国国王是齐威王。在淳于髡等人的辅佐下，齐威王踌躇满志，想重整国威，收复被其他诸侯抢占的国土，因此积极推行“霸道”，而对“王道”不感兴趣，他需要的是能够帮他击败诸侯的战将和礼法并重的贤才，想“一鸣惊人”。同时，淳于髡等人对孟子的仁政思想和王道主张都不以为然，因此，虽然齐威王表面上对孟子客客气气、礼遇有加，但并不重用他，也不推行他的政治主张。孟子对此感到非常失望，听说宋国国君对仁政感兴趣，于是就离开齐国前往宋国，但到了宋国才知道，宋国国君对王道仁政不过是叶公好龙罢了，也并不是想真正推行他的主张。

孟子又辗转到了魏国。魏国在李悝变法后曾经强盛一时，但后来因为热衷于对外扩张，与齐、秦、楚等强国多次爆发战争，损失惨重，国力大为衰落。当政的魏惠王很想重振国威，所以听说孟子到了魏国，急忙召见了他，向他寻求治国之道。孟子向惠王详细阐述了自己的仁政王道思想，但当时的魏国征战频繁，国内政局不稳，孟子的主张显得非常不合时宜，惠王也就慢慢冷落了他。之后魏襄王继位，孟子觉得襄王难以担当大任，不是自己想象中的君主，于是就离开魏国，又回到了齐国。

这时的齐国，经过威、宣两代的发展，国力已经非常强大，国君的胃口也越来越大，一心想对外征战，统一天下，对孟子的仁政王道思想根本不感兴趣。恰在此时，孟母病逝，周游列国却处处碰壁、身心俱疲、心灰意冷的孟子将母亲归葬鲁国后，便带着弟子们回到出生地邹国，专心著述讲学，“序《诗》《书》，述仲尼之意，作《孟子》七篇”，直到84岁去世。

孔孟之道 光大儒学

孟子的思想主要包括以下几个方面。

在经济方面，孟子认为仁政的基础是“制民之产”，让老百姓有一定的财产，满足生活上的基本保障，这样老百姓才能安居乐业，君主的统治才能稳定。孟子强调保护小农经济，维持和改善老百姓的生计，从而为政权稳定奠定基础。

在政治方面，孟子推崇尧、舜、禹、汤、文、武等先贤的圣君之道。孟子认为要行王道，就要行先王之法和重用贤德之人，强调治理国家必须将仁政和法令结合起来。

在军事方面，孟子看到当时各诸侯国战乱频频，民众居无定所，因此非常反对这种不义之战。他周游列国推行王道仁政的目的之一就是尽自己所能阻止这种非正义战争的发生。不过孟子并非反对所有战争，他强调“天时、地利、人和”，他最重视的是“人和”，坚信“得道多助，失道寡助”，认为行仁政行王道可以兴仁义之师。

孟子的思想主张对后世产生了深远影响。孟子关于人性论的探讨对后世人性论思想的发展具有重要的启示意义，荀子的性恶论、告子的人性无善无恶论、李翱“性善情恶”论以及宋明理学中的人性论思想等，无不或多或少地受到孟子人性论的启发。孟子的王道仁政主张深刻地影响着其后的政论家，如陆贾、贾谊等人对秦朝灭亡的评论，无不体现着孟子的王道仁政思想。孟子的民本思想对魏征、唐太宗、黄宗羲、康有为等政治家和思想家影响深远；孟子制民之产的思想对后世的农民起义，甚至孙中山的三民主义都具有启发意义。孔孟之道成为封建时代基层读书人和士大夫阶层修养身心的重要法则：从范仲淹的“先天下之忧而忧，后天下之乐而乐”，到文天祥的“人生自古谁无死，留取丹心照汗青”，无数仁人志士都把它当作自己的精神支柱。可以说，孟子的个体人格修养理论，不仅对历代读书人和士大夫阶层的自我修养和民族气节有着激励作用，而且对整个民族精神的铸就和提升，都产生了重要的影响。

十、出世哲人——庄子

老子之后劲，而佛氏之先声。

庄子像

庄子，名周，宋国蒙（今山东东明，另有河南商丘、安徽蒙城说）人，约生于公元前369，逝于公元前286年，战国中后期著名的思想家、哲学家、文学家，先秦时期道家学派的集大成者，老子之后道家最著名的代表人物。他在继承老子学说的基础上，不断发展创新，将道家思想推进到庄子时代，建立起自己极具个性特色的思想体系，后世将其与老子合称为“老庄”，作为道家学派的代称。在思想上，庄子提倡意志自由和避世脱俗的人生哲学，善于运用精彩的文学语言表达思想，《庄子》体现了其高度的哲理性和丰富的想象力，对后世中国的人文传统产生了重要影响。

遗世独立　达观天下

据《史记·老庄列传》记载，庄子曾在漆园（今山东东明境内）担任过“漆园吏”之职，但不久就离职归隐。为了讲学和著述，他刻意隐居，断绝交游，因此，庄子在世时，他的思想流传不广，影响也不大，后世朱熹、闻一多等都对此做过分析评论。

庄子热爱自由，视权势富贵如云烟，不屑于入朝为官，终身隐居乡下。楚威王曾邀请庄子出任国相，庄子说，我虽然地位低下，生活贫穷，但我活得自由自在，我非常惬意于这样的日子，不会出去做官的。庄子自己不屑于讨好权贵，对谄媚之徒非常反感，讽刺起来也毫不客气。宋国曾经派使臣曹商出使秦国，曹商因为讨得秦王的欢心而获得了大量赏赐。出使归来，曹商得意扬扬地向庄子显摆，庄子非常鄙视地讽刺他，听说秦王身上有疮，能够治好的就能获赏赐一乘；他还长了痔疮，能给他舔痔疮的就能获赏赐五乘。表现得越好，赏赐越多，你得到了这么多赏赐，看来你给秦王舔痔疮的效果不错啊！一番话，把曹商气得回不上话，只好灰溜溜地走了。

庄子对生死也看得很淡。庄子妻子去世了，大家都以为他会很悲痛。惠施匆匆忙忙赶到庄子家里想去安慰他，谁知一进门，看到庄子正坐在院子里，敲着瓦盆唱歌。惠施非常不满，责备他说，你老婆生前为你生儿育女，辛辛苦苦操持家务，跟着你受了一辈子苦，她死了，你不仅不悲伤难过，反而又敲又唱的，你还有没有点良心？庄子说："妻子和我一起生活了这么多年，她突然离我而去，我怎么能不伤心欲绝呢？但是元气孕育出形体，形体变化出生命，现在她生命停止了，慢慢地她的形体又归于元气，这就跟春夏秋冬交替轮回一样。这是天命之循环，明白了这个道理我也就不再哭泣了。"

庄子临终前，告诫弟子们自己墓里不放任何陪葬物，他说："我用天地作盛放我躯体的棺椁，用日月作为我陪葬的两块美玉，满天星辰作为我陪葬的珍珠，天地间的万物都是我的葬品。谁的陪葬品能比我的更多呢？"弟子们打算老师百年之后把他深埋地下以防乌鸦、老鹰啄食尸体，庄子说，不用这么费劲，找个野外深山扔了就行。埋在地下，乌鸦、老鹰是啄不到，但蚂蚁也能啃食，被鸟啄食和被蚂蚁啃食有什么区别吗？

弃世绝俗　师从自然

庄子继承了老子哲学的基本思想，并进行了创造性的发挥。老子认为"道"是万物的本原，它无始无终，无形无相，无为无不为，"道生一，一生二，二生三，三生万物。"庄子进一步发挥了"道"的概念，使之内容更为丰富，变化过程更为玄妙，从而形成自己的形而上学的本体论。

在此基础上，庄子通过一系列玄妙的推论，论证了宇宙在时间和空间上的无限性，体现出明显的相对主义、虚无主义和不可知论色彩。

庄子和惠施的“观鱼之辩”，逻辑上能够自洽，但表明二人都是坚持不可知主义。惠施认为庄子没有能力感受到鱼的快乐，庄子认为惠施无法感受到自己对鱼的感受，其中的不可知论思想是非常明显的。

“庖丁解牛”的故事就出自《庄子·养生主》。通过庖丁讲解自己宰牛生涯中由技到道的过程，劝诫梁惠王，在民不聊生、战乱频仍的社会中，只有顺应自然规律，不违天道，避开复杂多变的矛盾，才能达到身心健康，颐养天年，并借此告诫人们做人做事都要在认识自然规律的基础上顺应自然规律。庄子运用汪洋恣肆的语言，阐述了道家道法自然的思想。其中的游刃有余、踌躇满志、切中肯綮、目无全牛等许多成语故事，千年之后仍然让人津津乐道。

庄子的相对主义思想突出地体现在他的《齐物论》中，五个小故事包含七个寓言：南郭子綦隐机而坐、狙公赋芧、尧问于舜、啮缺问乎王倪、瞿鹊子问于长梧子、罔两问景及庄周梦蝶。庄子认为万事万物纷繁复杂、千差万别，但是以道观之，则万物齐一。世间万物无时无刻不在向自己的对立面转化，所以所谓的物我、是非、善恶、美丑、生死、寿夭等的区分也毫无意义。因此，诸子百家基于自身理论而展开的争论毫无意义，因为人的认识能力也是相对的，一切理论的差异都是相对的、主观的，万事万物的存在都是暂时的，以道来衡量万事万物，万事万物是没有区别的。这些说法体现的诡辩论和相对主义非常明显，但也体现出他对万物平等、精神自由的渴望和追求。

循着这样的相对主义思路，庄子认为对悲欢、生死的认识都是主观的、相对的，在很多寓言故事中，庄子都力图揭示人生如梦的实质。庄周梦蝶是最著名的一个。庄子梦中发现自己变成了一只蝴蝶，根本没有意识到自己是在做梦，梦醒之后发现自己是庄周。那么到底庄周在自己梦中变成了蝴蝶，还是蝴蝶在自己的梦中变成了庄周？人生如梦，梦如人生，实在让人难以捉摸。庄子还举了另一个例子——丽姬的故事。丽姬确定嫁给晋献公，出嫁时哭得非常厉害，让人有伤心欲绝之感，都感觉她嫁过去肯定不会幸福。谁知，嫁入王宫后，吃着山珍海味，住得富丽堂皇，丽姬才后悔出嫁晚了。由此推论："我们怎知死了之后不会后悔死晚了呢？也许活着不如死了好？"所以，庄子说："人的生命是有限的，而学问是难以穷尽的，想在有限的生命里去穷尽无限的知识，那是根本不可能的！"庄子进一步指出："我们已经获得的知识看起来不少，但可以肯定的是，我们还没认识的东西肯定更多，一个人活在世上的时间，也肯定不如他不在人世的时间长，用极为有限的智慧去研究无穷的领域，很容易让人无所适从。"人生的有限性与世界的无限性，决定了人要想把握世界的奥秘，是不切实际的想象，因而人们必须要顺应自然，勿违天命，对任何事情都不要刻意强求。

对“命”的体悟是庄子人生哲学的前提。“命”就是命运，是主宰世界的“道”作用于人生的必然体现。庄子认为，人生经历的生老病死、兴衰荣辱等无不出于命运的安排。命运主宰人生，人千万不要与命运抗争，而应该听天由命。那么，人在天命面前岂不是无所适从了？人如何生存呢？庄子认为，要不违天命而又逍遥自在，就必须“离人而入天”，实现“人与天一”“与道同体”，最终达到“天地与我并生，万物与我合一”的至高境界。

如何达到这种境界呢？庄子在《齐物论》借用南郭子綦之口指出，只有通过“心斋”“坐忘”达到“丧我”“无我”，才能脱离外物的役使和支配，达到“无所待”的逍遥极境，实现无挂无碍、悠然自在、与天地精神相往来的“逍遥游”。

因此，庄子理想中的社会，是上古时代，他主张返璞归真、绝圣弃智。人们思想淳朴，甘居贫穷而自得其乐，和谐相处，彼此没有相害之心，与自然齐一，不违天道。庄子认为那个时代没有欺诈，没有纷争，没有所谓的君子、小人，是“至德之世”。由此可见，庄子具有明显的乌托邦思想，其社会政治思想总体是复古反智的；但是在战国时期诸侯混战、尔虞我诈的社会大背景下，这种社会理想无疑只能是底层民众渴望安居乐业、追求逍遥自在生活的反映。

道家大成 出世哲人

庄子是老子之后道家的最重要代表人物，他继承了老子的道论和道法自然的思想，他还另辟蹊径，追求“人与天一”的得道境界。庄子思想驳杂而精深，因此每个人的角度不同得出的感受也不同。但本质上，庄子是一位出世的哲人。他直觉性地感受到人的欲望无止境的膨胀，并清醒地认识到这种膨胀可能导致的恶果。因此，他对人们为物质追求而不惜刀兵相见的行为进行了深刻批判。他力图参透生命的奥秘，摆脱世俗的束缚，为人们追求自由指点方向。他的思想无疑是具有一定的启发意义的。

庄子的思想主张具有一定的积极作用，道家重思辨的思维传统在庄子身上也到了突出体现。在此基础上，庄子深化了老子哲学的本体论与认识论，特别是庄子学说对道家哲学认识论的发展，极大地推动了中华民族的思维能力，如他对有限和无限、有待与无待、天与人、技与道等的探究与把握。后来的魏晋玄学家探讨的一些核心概念，如“天人”“有无”“本末”“言意”“形神”等在庄子的学说中大都有其根源。宋明时期的理学家们正是在老庄哲学的影响下，从本体论角度重建了儒家的伦理观。此前，东汉时佛教开始传入中国，但一直未能在中国扎下根来，禅宗哲学也是后来佛教吸取教训，与庄子哲学相结合，并最终实现了佛教的中国化，形成中国特色的佛教——禅宗。禅宗哲学与庄子哲学有着许多相通、相近甚至相同的地方，可以说是庄子哲学与佛家哲学相结合的产物。庄子哲学提出的“无以人灭天”“天人齐一”的思想，对当下处理人与自然的关系，解决人类面临的生态危机，构建人与自然和谐发展的天人关系无疑具有重要的启示。

庄子愤世嫉俗，是一位出世哲人，他追求不受外物支配的逍遥自在，重视对生命的意义和价值的终极追求，自足于“洒脱自在于尘垢之外，不被世事所拖累”的精神自由；而以孔孟为代表的儒家学说，慷慨激昂，积极入世，把天下兴亡作为自己的责任。儒、道两家思想既对立又互补，在中华民族几千年的风风雨雨中，始终是我们文化的主流，是中华儿女的文化之根，深深影响了中华民族的文化心理结构，两千多年来为知识分子和士大夫阶层奠定了两条人生路向，并且造就了中华民族的独特世界观、人生观、价值观以及审美趣味，对民族文化心理和民族文化精神的形成产生了重要影响。

庄子的著作想象力丰富、构思奇特、语言优美、哲理深刻，具有极高的美学欣赏价值，对中国文学的发展产生了深刻的影响。庄子的散文，写天与人的沟通、蝴蝶与人的互动、蛙与龟的对话、人与猴的交流等，他的一系列寓言故事事理结合，通俗易懂；他大量地运用象征和夸张，怪诞神奇，充满了神话色彩和浪漫主义情怀，想象奇特，妙趣横生。因此，庄子与屈原一起，成为我国浪漫主义文学的鼻祖，哺育了后世一代又一代的文学大师。此外，庄子的美学观念对后代的文学艺术创作者影响深远，他“原天地之美”艺术精神的坚守、对自然之美（大美）的追求、对“悟道”之艺术境界的崇尚和赞美，以及逍遥无待的叛逆精神，都为中国文学的发展奠定了基础性的品格。陶渊明、李白等伟大诗人，都是庄子美学精神的继承体现者。另外，庄子的寓言故事给我们留下的大量成语，犹如粒粒珍珠，在中华文化中熠熠生辉。但不可否认，庄子思想中体现出的相对主义、主观主义、不可知论和诡辩论思想，以及他否认人的主观能动性的人不能胜天的思想都是应该加以扬弃的。

总之，庄子虽然是一位出世哲人，但他给后世留下了一笔丰厚而又宝贵的人文财富。他所代表的独特的人文传统和人文精神，成为中华民族思想文化发展史上极富个性特色和启发意义的不朽丰碑。

十一、阴阳大家——邹衍

邹衍之术，迂大而宏辨。

邹衍像

邹衍，战国时期齐国人，大约公元前 324 年出生，逝于公元前 250 年。他是战国后期著名思想家，阴阳五行学说的集大成者。邹衍勤作不辍，一生著述颇丰，据记载，《汉书·艺文志》曾收录《邹子》49 篇、《邹子终始》56 篇，可惜都已失传，只有零星资料残存下来，现在我们想完整地了解他的思想，难度很大。

稷下名嘴谈天衍

战国时期，齐国的稷下学宫，名家云集，百家争鸣，思想的火花随时迸发。对这一能人辈出之所，齐国国君当然决不会浪费这些聪明的大脑，因此历代齐国国君都有意识地把这些大师变成自己的智囊团。这其中有两个“天”字辈人物，在当时非常出名，一个是田骈，因其喜欢夸夸其谈，“嘴大”（说大话），人送外号“天口骈”（田骈的口像天一样大）；另一个就是邹衍，因其“尽言天事”，喜欢研究和谈论天地间的大事，人称“谈天衍”。

“谈天衍”“天口骈”中都有一个“天”字，但邹衍更有资格称为“天”，这是因为邹衍是专门钻研天地间的大事的。

在治学方法上，邹衍形成了自己的一套独特的、操作性很强的方法，无论从时间上还是空间上，他都是从熟悉推到陌生，从已知推到未知。时间上，他先从大家都熟悉的黄帝入手开始研究，再从黄帝往前推到盘古开天辟地，以至天地未分的混沌状态。空间上，邹衍先从中国人所熟知的山川河流、花草树木、飞禽走兽入手，开始谈论，再按照自己的一套逻辑，凭想象谈论九州之外的人们未见未闻之物。

稷下学宫，都是一些名人，他们的最大特点就是互不服气，互不服气就会不停地辩论。邹衍更是一个辩论狂，他辩论的内容往往是从谈天说地开始，越辩越远，越辩越大，古今中外、宇宙万物，无穷无尽。他的思想最大的特点就是把天的事情讲得很详尽，所以被称作“谈天”。同时邹衍还精研“阴阳”，在此基础上，提出了一种时人难以理解接受的理论——阴阳五行说。学宫中学者一方面看不上他荒唐怪诞的学说，另一方面也不得不佩服他的脑洞大开。

邹衍的学说主要包括大九州说、五行相生说、乐律学和五德终始说等内容。

创立“五德终始”赢得帝王青睐

邹衍从自然界中存在的现象出发，根据自己创立的治学方法，结合前辈思想家的理论学说，将水、木、金、土、火五行之间的循环相克关系运用于研究王朝更替，创立五德终始说，并运用这一理论来解释朝代的更替和历史的发展。邹衍所说的五德是指人类社会存在水、木、金、土、火五种德运，它们之间存在木克土、土克水、水克火、火克金、金克木的关系。邹衍认为，每个王朝都有一种德运与其相匹配，历史的发展表现为王朝的更替，王朝的命运决定于与之相匹配的德运，五种德运就按照这种顺序循环不已，因此造成王朝更替和历史的周期性变化，上天必然会由德运通过某种征兆昭示出朝代的兴衰，统治者必须顺应天意，否则就会失去“奉天承运”的机会。

邹衍开始学习儒家学说时，各诸侯国战乱不断，上位者骄奢淫逸，不修政德。他创立五德终始说，希望以此警醒当政者，使其“谨身修德”，顺应天意，承接德运，戒绝穷兵黩武，造福黎民百姓。在当时诸侯割据混战的背景下，邹衍的五德终始说，反映了普通民众对战乱的厌恶和对稳定安宁生活的渴望，同时，这一理论也为统治者强化统治或者改朝换代提供了理论依据，客观上符合战国后期各诸侯国特别是某些强国的当政者开疆拓土统一天下的宏图大志，因此五德终始说既受到底层民众及其知识分子的拥护，也受到各国诸侯的认可和欢迎。

随着这一理论的传播，邹衍的知名度和影响力也飞速提升，与孔子、孟子周游列国时遭受冷遇甚至备受责难形成鲜明对比，邹衍在各诸侯国受到了很高的政治礼遇。在齐国，作为智囊人物，邹衍深受齐闵王厚爱；在梁国，梁惠王亲自出城迎接，并以宾主之礼相迎；赵国平原君请他就座前，先亲自为他整理座位；在燕国，昭王为他扫路、引导，请求邹衍收他为弟子，并专门为他建造了一所学宫。

五德终始说对后世影响也非常深远，以董仲舒为代表的后世儒家将阴阳五行学说融入儒家思想并加以发挥，实现儒学阴阳五行化。在政治层面，学说创立之后，作为一种改朝换代的理论工具，历代新王朝建立者都对其信奉有加。新王朝为了证明自己政权的合法性，都极力用“五德终始说”论证自己的确是“奉天承运”。在“五德终始说”中，邹衍曾提出“水德代周而行”，秦朝灭六国实现全国统一后，秦始皇为了证实自己统治的合法性，编造了秦文公出猎获黑龙的故事，并大肆宣扬，因为黑龙代表水德，秦王朝将这一故事作为水德兴起的符端，并按照水德的要求进行了一系列改革，秦始皇也成为五德终始说的第一个实践者。

“万能”的五行

邹衍不仅用五行学说为政权的更迭提供理论依据，还用来解释自然界的五季更替。他用五行相克理论（“五德终始”理论）为新王朝的建立进行辩护，用五行相生理论来解释季节更替。所谓的五行相生，即木生火，火生土，土生金，金生水，水生木，邹衍用五行循环相生的关系来解释季节更替轮回。为与五行相对应，邹衍在夏季和秋季之间加入一个季节：季夏，这样四季就变为春、夏、季夏、秋、冬五季，木、火、土、金、水五行与春、夏、季夏、秋、冬五季一一对应。同时，邹衍认为木、火、土、金、水五行与东、南、中、西、北五个方位以及青、赤、黄、白、黑都是一一对应的。他把天子住的房子也分为五部分：中间一个大厅，东、南、西、北各分别由一个正厅和两个厢房组成，这五个部分组成“明堂”。邹衍提出，根据这种一一对应关系，在不同季节，天子应该住在与之相对应方位的房间里，穿与之相对应颜色的衣服，用与之相对应颜色的木材取火，通过这一系列匪夷所思的操作，为天子制定四时（五时）教令，邹衍使明堂制度更加规范庄严，操作性更强。他还利用五行循环相生理论，不遗余力地论证田齐取代姜齐的合理性。邹衍用阴阳五行思想制定四时（五时）教令，完善规范天子明堂制度，对后世影响深远，正是在邹衍思维方式的影响下，《吕氏春秋·十二纪》《礼记·月令》《淮南子·时则训》形成了一套以月为单位的月令制度，后世农学家在撰写农书也将月令之文作为参考体例。

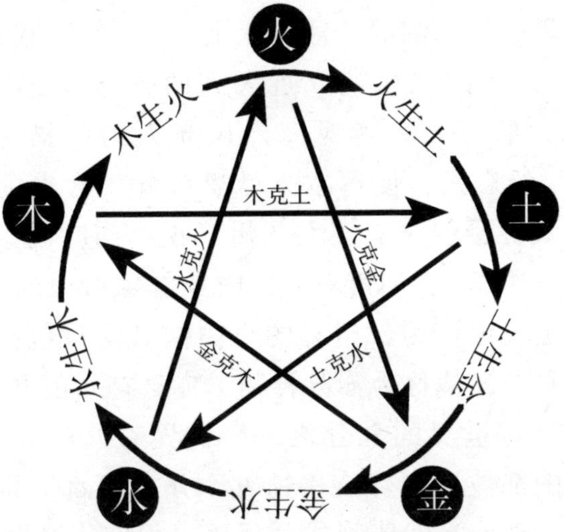

五行相生相克图

脑洞大开的“大九州”说

邹衍还按照自己的逻辑方法脑洞大开地提出了自己的地球观——“大九州”学说。“盖天说”和“浑天说”是我国古代宇宙论中两种具有代表性的理论，这两种宇宙认识论自产生以来就一直论争不断。“盖天说”的基本观点是：天是圆的，地是方的，天就像一把圆形的大伞，高悬于大地之上。地上有八根大柱子支撑着这把“大伞”，“盖天说”是我国最早的宇宙理论，产生后不断推陈出新，直到唐代天文学家僧一行才将这一理论彻底证伪，将其推翻。“浑天说”比“盖天说”产生得晚，应该是在战国时期已有雏形，这一学说的基本观点是：地球像鸡蛋一样是圆的，浮在水上，“水”既载着“地”也撑着“天”。战国后期靠近大海的齐国，受海洋文化影响很深，航海归来者对海外风光人物的描述，以及“浑天说”的启发，使得本来就思维异于常人的“谈天衍”脑洞大开，创立了“大九州”说。当时儒家把中原地区称为“中国”，邹衍对战国时期儒家所说的“中国”进行了界定，他认为，当时的全中国其实只包括诸侯各国所占的疆域，他称为赤县神州，赤县神州由九州构成，赤县神州只占世界的九分之一，世界有九个大州组成，每个州周围都被海洋环绕，这九个州内部都分别包含九个州。这一理论当然猜测成分居多，但邹衍在距今 2300 多年前就预言了大洋和大洲的存在，这比欧洲作出相似的预测早了近 1800 年。邹衍的“大九州”学说，在当时当然无法验证，因此时人对这一理论的评价不高。但他的这种令闻者感觉“惊骇”“诡异”“闳大不经”的学说，打破了当时的“中国中心论”思想，对开阔人们的视野，激发人们探索世界的热情起到了强大的推动作用。随着生产力的发展和航海技术的提高，中国与世界的交流与沟通不断加强，这一看似荒诞不经，让人摸不着头脑的理论，也慢慢显示出一定的合理性，其价值逐渐被人们所认识。清代薛福成曾评价说，随着越来越多的人完成环球旅行，邹衍理论中的很多说法都得到了验证，因此，邹子的学说并不都是无稽之谈。也许之前就有这种学说，邹子只是继承并进一步阐发了。薛福成对“谈天衍”的“大九州说”的评价应该是较为中肯客观的。

吹律而五谷生

在乐律学方面，邹衍也颇有研究，有确切记载的是他为明堂制度创作的四章“邹子乐”：《青阳》《朱明》《西颢》和《玄冥》，从中显示出邹衍具有很高的音乐素养。

在我国古代，“律”既是一种乐器更是一种测气仪器，研究以律测气而形成的学问就是律吕学，这是我国古代所独有的一门学科。按照确定的比例规定的尺寸，选择十二根材质相同（竹质或者铜质），粗细一样的管子制成，定出十二律，通过吹奏乐管测验节气变化。现存邹衍的有关资料中还多次记载了他吹律测气的故事：邹衍在燕国时，为了给国君提供可靠的建议，经常在燕国各地实地考察。燕国地处高纬度地区，气温回暖较晚，不利于农作物生长。一年春天，邹衍到渔阳郡进行考察，发现这里土地肥沃，田野里却一片荒凉。邹衍就在这里住下来，经过几天的实地考察，他发现造成这一状况的根本原因在于当地气温较低，作物难以生长。于是，他先在渔阳郡附近找到一处适合的地方——城南的一座小山（后被命名为黍谷山），然后带着律管到山上，吹起了曲子，一连吹了三天三夜，冰雪开始消融，大地慢慢回暖，草木开始萌发。邹衍又指导人们采用更加合理的耕作方法，识别选择良种，这一年庄稼长得特别好，农民获得了大丰收。邹衍吹律而生五谷的故事一直以来被人们认为是无稽之谈，事实很可能是：邹衍从燕国气候寒凉的特殊气候地理条件出发，通过吹奏律管测出渔阳当地的温度和湿度，因时因地制宜，选育良种，指导当地百姓进行耕种，从而使寒冷之地长出“黍谷”。经民间加工演绎却被神化了，由此也看出邹衍确实让百姓受益了，百姓对他的赞美和崇拜是可以理解的。邹衍离开渔阳之后，百姓为了纪念他，便把他吹奏律管的小山命名为黍谷山；在山上建了邹夫子祠，并立了一块“邹衍子吹律旧地”的纪念碑。在祠前栽了两棵名贵的银杏树，到今天已两千多年了，银杏树依然枝繁叶茂；还建了“别谷院”，纪念邹衍教农人识别谷物良种。

不辩之辩胜公孙龙

邹衍对于逻辑学也很有研究。公孙龙的诡辩是非常出名的，他经常得意扬扬地拿“白马非马”这一命题与人辩论，并且总能够胜出。邹衍出使赵国时，碰巧遇到公孙龙和他的门徒们又在就“白马非马”这一命题进行辩论。平原君问邹衍对这种辩论的看法，邹衍认为公孙龙的辩论，虽然有助于人们理解事物的一般和个别的关系，但从本质上来讲，纯粹是为了辩论而辩论，忽视了辩论的最终目的，违反了逻辑规则。辩论的目的要有利于区分不同事物，澄清概念。通过辩论让参与辩论的各方都明确彼此的观点，达到以理服人。而公孙龙的辩论往往通过偷换概念，抓住一点，纠缠不休，使人不得要领，甚至超出辩论范围，互相攻击诋毁，不是为了让人知识上有所长进，而是为了逼得对方认输，显示自己的高明。这种辩论方式不利于学问的提升，对解决现实问题也毫无益处。参与这种胡搅蛮缠的辩论有失君子风范，甚至会因为辩论与人结仇，因此，根本没有必要进行这种辩论。邹衍的评论引起听者的广泛共鸣，公孙龙与邹衍的高下立见，自此以后，平原君等也慢慢冷落了公孙龙，邹衍通过这场不辩之辩的隔空对决完胜公孙龙。

六月飞雪因邹衍

燕昭王在位期间，邹衍在燕国备受恩宠。公元前 279 年，燕昭王去世，新继位的燕惠王不愿重用先王的旧臣，邹衍的地位一落千丈。燕齐两国关系一向不睦，惠王即位后，燕齐关系更加紧张，燕国大将乐毅与惠王先前有些矛盾，齐国田单利用反间计成功地离间了燕王和乐毅关系，导致燕国在战争中失败，作为齐人的邹衍处境更加艰难。同僚们也抓住机会落井下石，不停地在燕惠王面前进谗言来诋毁甚至诬陷邹衍，不久燕惠王就撤销了邹衍的官职，并把他关进了大牢。

邹衍蒙冤入狱，悲愤交加，忍不住仰天大哭。那时正值炎热的夏季，天空竟然飘起了雪花。一开始很多人就知道邹衍是被冤枉的，但怕受牵连，不敢发声。看到这种异常天象，正好借此机会，开始为邹衍喊冤叫屈，进行辩护，他们说邹衍蒙受的巨大冤枉，连上天都看不下去了，夏天下起雪花，就是在告诫国君，这么对待一个无罪之人是会遭天谴的。这种声音越传越盛，最终传到了燕惠王耳中，他听后，心中非常惊骇，马上下旨把邹衍从监狱中放了出来，这就是六月飞雪这一典故的最初来源。

十二、儒学大师——荀子

孟子以后，儒者无杰出之士，至荀卿而儒家壁垒始又一新。

荀子像

荀子，名况，字卿，西汉时因避汉宣帝刘询讳，因"荀"与"孙"二字古音相通，故又称孙卿。战国末期赵国（今山西南部）人，约公元前313年出生于赵国，公元前238年逝于兰陵。作为先秦时代最后一位儒家大师，他立足儒家，广泛汲取诸子百家之学说，特别是充分运用法家和道家的思想理论，对儒家学说加以创造性地改造和充实，形成别开一代新风的荀学，成为集先秦诸子之大成的唯物主义思想家。他虽然生于赵国，但他一生主要在齐、楚两国活动。荀子先后三次来到齐国，度过了他一生中政治和学术活动的大部分时间。也正是在齐国，荀子形成了自己的思想学说并获得了较高的声望。

三进齐国　谪居兰陵

荀况自幼聪慧，曾被乡亲们称为神童。成年后，荀子先北上燕国游学，但未受到燕国君臣的重视。他又到处游历讲学，就这样不温不火地直到五十岁，这时，齐襄王执政，他四处网罗人才，各诸侯国的贤能之士都来到齐国，以稷下学宫为平台，进行学术研究和学术创造，也为齐国发展出谋划策，荀子再次来到齐国并安定下来，开始了自己真正的人生。

其实，在之前的齐宣王时期，荀子曾经游学到过齐国，入驻稷下学宫，那时的稷下学宫处于鼎盛时期，稷下学者衣食无忧，甚至被赐以家产、授予封号，因此这些学者能够潜心著书、讲学，学宫学术之风大盛，荀子这一时期在学宫中广泛接触各家学者，研读诸家学说，不知不觉中，自己的思想学说初步成型。齐愍王初期，齐国国力强盛，但他好大喜功，到了后期，齐愍王对内用人不当，刚愎自用；对外穷兵黩武，引起各诸侯国普遍不满，稷下学者们一开始还热心地为齐国献计献策，但固执己见的齐愍王根本听不进去，于是稷下先生们看到情势危险，纷纷逃离学宫，稷下学宫也日渐萧条，荀子也被迫离开了齐国。齐愍王最终落得国灭身亡。这是荀子一进齐国。

齐愍王死后，齐襄王继位，他重用大将田单，将被诸侯抢占的国土全部收回，襄王吸取教训，重视人才，充分利用稷下学宫这一平台，面向天下，招贤纳士，许多以前逃离的稷下学者又回到学宫，荀子也再次来到齐国。因为年事较高，学问又好，所以荀子深受重视，被齐襄王尊奉为“最为老师”，在此期间，他作为公认的学术领袖，三次担任主持学宫事务的“祭酒”之职，威望之高可见一斑。这是荀子二进齐国。

公元前265年，齐襄王去世，之后不久，荀子去往秦国，这时的秦国国君是秦昭王。此时的秦国，经过商鞅变法，实力蒸蒸日上，国君野心勃勃，热衷于开疆拓土，兼并诸侯，并且战场上节节取胜，所以昭王对儒家王道、仁政之学不感兴趣，在接见荀子时直言不讳地说：儒家对国家强盛、统一天下不可能有什么用处吧？在秦国郁郁不得志的荀子只好重回稷下学宫。这是荀子三进齐国。

齐废王田建继位，但是实权被他的母亲把持。田建周围聚集了一批谄媚之徒，文武大臣都无用武之地。一些有功之臣不受重用，甚至不被信任，甚至像田单这样为国立下过汗马功劳的大臣都被猜疑、被边缘化。荀子也因为直言犯谏，抨击当朝国相和实权在握的太后，而被国君疏远。又因许多小人在齐废王面前不停地抹黑，荀子的处境更是雪上加霜，于是年逾五旬的荀子不得不再次离开齐国，后听到楚春申君黄歇礼贤纳士，便去往楚国。

黄歇早就听说荀子的大名，便请他担任“兰陵令”。但一位门客向春申君进言说，商汤以七十里封地起家，最终取代了夏；周文王以一百里封地为基础，最后取代了商，荀卿也是很有本事的人物，让他做兰陵令，给他一百里封地，楚国也危险了。春申君经过几番考虑，最终收回任命，婉言辞退了荀子。荀子无奈地带着李斯等弟子回到自己的母国赵国住了下来，并频频为赵王出谋划策。了解到这种情况，又有人对春申君说：伊尹离开夏地到了殷地，在伊尹帮助下殷王统一天下，而夏朝灭亡。管仲离开鲁国到了齐国，鲁国衰弱而齐国国力日见强盛。所以，有本事的人在哪里，就能帮助哪里的君王获得尊崇，国家强盛。现在荀子是天下有名的贤人，你怎么让他离开楚国去往别国呢？因此，春申君十分后悔，于是多次派人邀请荀子重回楚国，荀子一开始坚决拒绝，并写信对春申君以前的做法表达了不满。最后春申君偷偷地亲自出面邀请，盛意难却，荀子就回到楚国，再次担任了十七年的兰陵令，后来，黄歇被门人所杀，荀子兰陵令被免。之后，他定居在兰陵，讲学收徒，直到逝世，葬于兰陵。

游历各国　著书万言

荀子经历坎坷，赵、齐、秦、楚等国的游学、从政经历，为他提供了充足的著述材料，齐国的稷下之学、秦国的商鞅学派、楚国的老庄学说、赵国的任侠风尚，这些在荀子思想中都留下了深深的烙印。作为先秦儒家思想的集大成者，荀子勤于著述，著作颇丰，他立足儒家，兼收并蓄法、道等家思想学说，集诸家之大成，创立了荀学。

“礼”是儒家核心理念之一，作为先秦儒家的杰出代表，荀子十分崇尚礼治，同时也吸取法家的思想，形成了儒法并重的新学说。与孟子的人性论思想相反，荀子坚持“性恶论”，认为人性是“恶”的，人性中都有“趋利避害”“好逸恶劳”的本性。如何避免恶性的膨胀，促进善性的萌发？荀子提出了一个概念“化性起伪”，“伪”即“人为”的功夫，如果想使人性中的恶性转化为善性，必须通过后天礼仪规范的教养和法治规范的制约等人为的功夫才有可能做到。荀子的政治思想，主张礼治和法治并行，强调王道和霸道兼用。荀子继承了孔子以来儒家的“隆礼”思想，既把礼作为调节社会关系的道德准则，又把礼作为治理国家的基本原则，同时他创造性地融合了法家的“重法”思想，主张“爱民”的同时也不放弃刑罚。

荀子是我国先秦儒家思想的集大成者，他在继承发展儒家学说的基础上，广泛吸取诸子百家的思想，特别是各家学说中唯物主义的思想，加以融会贯通，最终成为一代唯物主义大师，他的唯物主义认识论和自然观对后世唯物主义思想的发展影响深远。

在荀子的唯物主义思想中，他把外部自然界称为

“天”，天和人各有自己的职分，不能混为一谈，人必须要“明于天人之分”。他指出，人类社会区别于动物的最重要的性质就是其社会性，即“能群”。自然界按照自己的运行规律在发挥作用，不受主观意志的影响，他提出“天行有常，不为尧存，不为桀亡”，天（自然界）的运行是有自己的规律（常）的，这个规律不会因为执政者的好（尧）坏（桀）而改变。它也不会干预人类社会的运转，更不会主宰人的命运。但人类可以通过努力去认识这种规律，利用规律为人类服务，即“制天命而用之”，他的这种人定胜天的乐观主义精神，也反映了新兴地主阶级的朝气蓬勃，充分体现出先秦儒家积极入世的进取精神。

荀子的认识论是建立在其唯物主义自然观基础上的。他在《解蔽》中指出，认识是能知的主体和可被知的客观事物相结合而产生的。“凡以知，人之性也；可以知，物之理也”，人有认识事物的器官和能力，物有可以被认识的方面和规律。荀子的唯物主义认识论既是对子思、孟子唯心主义先验论的批判，也是对墨家唯物主义经验论的超越。荀子认为，人们的认识之所以出现错误，就是因为受了蒙蔽，要获得正确的认识就需要“解蔽”。《解蔽》列举了大量实例，论证因受蒙蔽而产生错误的认识，导致荒唐的举动，甚至导致身死国亡的结局，深刻揭示了“解蔽”的重要性。

如何进行认识才能解蔽呢？荀子认为，认识开始于感觉。荀子把人的认识分为两个阶段：第一个阶段是“缘天官”或“天官意物”。荀子把人生来就具有的眼耳鼻口形五种器官称为“天官”，认识的第一个阶段，通过“天官”与客观事物接触获得，不同的“天官”认识事物的不同方面，认识只停留在这一阶段，往往使人受蒙蔽。因此，认识还需要进到第二个阶段。荀子把认识的第二个阶段称为“心有征知”，也就是由思维器官（心，荀子又称为“天君”）对“天官”获得的认识进行验证、分类、辨别和取舍，获得全面正确的知识。而最终消除人受到的蒙蔽，即“解蔽”。荀子指出，“天官意物”必须要达到“心有征知”，否则认识是不可靠的，“心有征知”必须以“天官意物”为基础，否则“征知”就失去了基础。由此可见，“天官意物”和“心有征知”的关系实际上就是感性认识和理性认识的关系，荀子的论证体现出朴素的唯物论和辩证法思想。在认识论的基础上，荀子强调认识的获得必须通过艰苦的努力和学习，他还坚持学以致用的知行观：“知之不若行之，学至于行而止矣。”在这里，他把行作为认识的来源和目的。荀子还认为，正确的认识是经得起检验的，只有行之有效的，才是正确的，强调把行作为认识的检验标准。

荀子是先秦诸子百家的集大成者，他完成了对诸子之学的批判性继承与总结，不仅如此，他在诗赋和音乐理论以及“正名”理论等方面也有其独到的见解和思考，这些对后世思想学说的发展起到了重要的启示作用。

唯物思想历久弥新

在中国思想史和儒学发展史上，荀子都是一位里程碑式的思想家，也是一位争议颇多的人物。冯友兰认为，孔子之后，孟之作为正统的儒家思想的继承者，捍卫了孔子早期的儒家思想，并对后世的思想界和统治者影响巨大，可以说是儒学发展的一个高峰，孟子之后，百家争鸣，儒家思想未出现突出代表，到了荀子，他立足儒家学说，同时，打破门派界限，总结继承诸家思想，将儒家思想甚至诸子百家思想推升到另一个高峰。所以，他评价道："孟子以后，儒者无杰出之士，至荀卿而儒家壁垒始又一新。"

荀子勤于著述、讲学，其弟子很多学问精深，儒家经典不少就直接出自荀子之手，其弟子保存整理传播下来的更多，秦朝焚书坑儒后，又遇秦末农民大起义，很多儒家经典被毁。汉朝建立后，很多儒家经典的传播只能依靠口口相传而得以流传，在这一过程中，荀子弟子作用巨大，汉代的很多经书的传授，大部分都与荀子及其弟子相关。较有代表性的如《左氏春秋》《谷梁春秋》《易经》以及大小戴《礼记》等，这保证了儒学的薪火相传，对中华文明的发展也功不可没。也正因如此，汉代的儒学中，荀子之学传播最广。特别是董仲舒"罢黜百家，独尊儒术"的主张被汉武帝采纳后，荀学更是近乎成为国学。荀子隆礼重法、儒法兼重的思想，被统治者尊崇采纳，也引起学术界的进一步阐释和发展。他的"天道自然""天行有常""天人相分""制天命而用之"的唯物主义自然观以及致力于"解蔽"的唯物主义认识论，都促进了汉代唯物主义思想的发展。

汉代以后的很长一段时间里，荀子思想被统治者冷落，并且遭到很多学者的攻击排斥。即便如此，不少学者的学说还是自觉不自觉地受到荀子唯物主义思想的影响，特别是唐代的有关学者，所受影响颇深。例如，柳宗元从性恶论出发，将国家产生的根源归因于人性中的逐利性，认为资源的有限性和人类贪欲的无限性的矛盾导致国家的产生，他还进一步指出，历史发展有其客观规律和必然趋势（柳宗元称为“势”），否认“圣人”之意左右历史的发展。这些理论很明显受到荀子唯物主义思想的影响。刘禹锡更是在直接继承荀子“制天命而用之”思想的基础上，提出“天与人交相胜还相用”的思想。

宋明理学时期，对荀子的攻击更加猛烈，甚至将荀子排除儒家之外。程颢、程颐和朱熹等理学的代表人物都激烈攻击了荀子的性恶论和唯物主义思想，“二程”更是将荀子注重功利的思想与人定胜天的理论视为“洪水猛兽”。程颐极力攻击荀子的性恶论，认为性恶论使得性善论体现的“圣人之道”“至卿不传”。朱熹坚持“去人欲，存天理”的思想，视荀子为异端，猛烈抨击荀子的“义利”观，反对学生阅读荀子的学说著作。

宋明直至清代，越来越多的思想家开始认同荀子“礼起于欲”的观点，反对理学家的唯心主义思想，猛烈抨击以朱熹为代表的理学家的禁欲思想，清初唯物主义学者戴震明确提出“理存于欲”，认为程朱等人鼓吹伦理纲常是在“以理杀人”。清代时，朴学（考据学）兴起，它推崇汉学批判宋学，对《荀子》进行考据的学者越来越多，对荀子思想学说的研究也再次兴起，荀子重新回到了人们的视野中。

到了近代，又出现“排荀”和“尊荀”两派。以谭嗣同为代表的“排荀”派，抨击荀子学说，发出了变法自强的先声，细细分析可见，谭嗣同是借批判荀子而批孔子，进而批判孔教所代表的封建专制统治。而以严复、章太炎为代表的“尊荀”派则极力维护荀子思想，特别是他思想中的唯物主义成分。严复以荀子“制天命而用之”的思想与达尔文的进化论相对照，提出“尚力为天行”“争天而胜天”。而章太炎则直接断言“荀况学过于孔子”，他还吸取荀子唯物主义认识论“缘天官”的思想，结合近代自然科学知识，论证感觉的源泉在客观世界。

作为儒道兼顾、儒法并重的唯物主义儒学大师，荀子以儒家学说为基础，总结吸取先秦时期道家、墨家、名家、法家的思想学说，尤其是法家和道家的思想，形成一个独具特色的荀学体系，在绵延不绝的中华文化传统中留下了浓墨重彩的一笔。

十三、汉家儒宗——叔孙通

大直若曲，汉家儒宗。

叔孙通像

叔孙通，西汉初年薛（今山东滕州南）人，约生于公元前265年，逝于公元前194年，一生致力于儒学的复兴与运用。秦朝时被征为特诏博士。西汉初年，叔孙通将儒学与汉初社会政治现实相结合，制礼作乐，发挥了儒学的作用，得到统治者的认可，提升了儒学的政治地位，促进了儒学的复兴，在《史记》中，司马迁专门为他作传，称为“汉家儒宗”，以褒扬其为儒学复兴所作出的巨大贡献。

身处乱世 周旋以自保

叔孙通察言（颜）观色、随机应变能力非常强，这使他能够每每处乱不惊，或者有惊无险地脱离困境。秦朝末年，陈胜、吴广农民起义的消息很快传到秦国都城咸阳后，整天沉浸在阿谀奉承、粉饰太平中的秦二世，掩耳盗铃地认为天下百姓肯定对自己的统治非常满意，起来反对自己的只是少数不知好歹的人，肯定成不了什么气候。因此，当臣子向他据实上奏，并要求发兵围剿起义军时，秦二世非常生气，认为在自己"仁慈"的统治下，老百姓安居乐业，生活幸福，怎么会出现大规模起义的情况呢？叔孙通看到，秦二世并不愿意听到农民起义的消息，实话实说可能甚至会招来杀身之祸，见势不妙的他马上转变口风说，大臣们都是道听途说，不了解真相，在陛下的圣明统治下，全国人民相亲相爱，夜不闭户，路不拾遗，人民对您感恩戴德还来不及，怎么会起来谋反呢？几个鸡鸣狗盗之徒，郡县派几个捕快去把他们逮起来就行了。秦二世听后，笑逐颜开，当场就将叔孙通由特诏博士升为正式博士，还给了其他丰厚的赏赐。而那些耿直的大臣仍坚持据实上奏，秦二世将他们下狱治罪。

死里逃生的叔孙通返回家中，想起朝堂上的情景后背都会发凉。他也很清楚，纸里包不住火，秦二世很快就会了解到农民起义的真相，到那时，自己的下场肯定很惨。于是，叔孙通连夜逃回了自己的家乡——薛。此时薛城由项梁领导的农民起义军占领着，叔孙通就投奔了项梁。公元前208年，项梁在定陶被秦将章邯击败身亡后，叔孙通便到楚怀王身边任职。后来，楚怀王被项羽架空，并被项羽逼迫迁都长沙郴县后，叔孙通转而投奔项羽。随着刘邦在楚汉相争中节节胜利，特别是公元前205年，项羽的根据地彭城被刘邦攻占后，叔孙通又迅速转投刘邦，此后一直为西汉王朝的建立与国家治理献计献策。

生于沛县的刘邦出身社会底层，不喜读书，讨厌儒家为代表的读书人。叔孙通就在各方面投刘邦所好。刘邦及其手下都喜欢楚地的短衣打扮，叔孙通就抛弃儒生服装，穿上同样的短衣。刘邦心理平衡了，心里也高兴了，对“识时务”的叔孙通看着也顺眼了，开始逐渐重用他。投靠刘邦时，叔孙通是带着自己的一百多儒生弟子一起来的。叔孙通受到刘邦重用了，弟子们感觉好日子来了，都等着他向刘邦推荐提携一下自己。可等来等去，被叔孙通提拔的都是他以前认识的地痞无赖土匪强盗。弟子们非常不满，忍不住在背后抱怨起来，指责叔孙通不近人情，不值得依靠。很快，这些抱怨就传到了叔孙通耳朵里，叔孙通没有责备他们，而是非常理解地向弟子们解释：“现在是在打天下，需要的是冲锋在前、攻城夺寨、悍不畏死的能征惯战之人。儒生的特长是治理天下，等打下江山后，就需要我们儒生出力了，到那时，我肯定会尽力推荐大家，让大家能够被量才录用。”一席话说得弟子们心悦诚服。叔孙通向刘邦推荐的那批人才，作战勇猛，战功赫赫，深得刘邦喜爱，爱屋及乌，刘邦对叔孙通也愈发器重，不久之后叔孙通就被封为博士，赐号稷嗣君。

制定礼仪　复兴儒学

公元前202年，刘邦称帝，定都长安，西汉建立。刘邦出身草莽，跟随刘邦起事的手下也大多出身低微，还有一大批人物就像叔孙通早期为他推荐的土匪强盗一样。他们不通礼仪，言谈举止粗鲁而不拘小节，相互之间无拘无束，特别是最初和刘邦一起起事的那批人，平常见面彼此勾肩搭背，甚至跟已是皇帝的刘邦也称兄道弟，在朝堂上、在宴会上也不分尊卑，吵吵嚷嚷，完全没有一点规矩。刘邦看在眼里，烦在心里，也意识到问题所在，但又不好发作惩罚他们。这时，善于察言观色、揣摩心思的叔孙通意识到时机到了，于是向刘邦进言："儒生们虽然不能帮着陛下骑马打天下，但他们可以帮着您来守天下。我愿意去鲁地召集一些儒生，让他们来和我的弟子们一道为陛下制定一套朝廷上使用的礼仪。"汉高祖同意了他的请缨，并要求叔孙通制定的礼仪一定要简单易懂、通俗易行。叔孙通对汉高祖说："不同时代的礼仪比较起来各有增减，因时因地而异，我们一定制定一套符合陛下需要的礼仪"。针对刘邦出身低微，讨厌烦琐礼仪，又亟须建立皇权威严的特点，叔孙通带领弟子们以及从鲁地招来的儒生，本着"尊君抑臣、上宽下严"的原则，对古礼进行了选择性地继承和发展，制定了西汉的第一套朝廷礼仪。

很快，朝廷礼仪经过不断完善最终定型了。叔孙通带领儒生们以及皇帝派来学习的官员共一百多人在长安城郊用席子严实围起的演习场所，按照礼仪规程认认真真地学习排练，仅仅一个多月，大家就都掌握得非常娴熟了。消息报告到汉高祖，他没想到这么快大家就学会了，非常高兴，所以，当叔孙通恭请他前往演习场地检阅时，刘邦非常痛快地答应了。这套仪式庄严宏伟，对皇帝束缚很少，需要皇帝做的也非常简单。汉高祖看后非常满意，因此欣然允准将这套仪式作为朝廷礼仪；并下诏于十月举行的朝岁大礼就按照这套仪式进行，要求叔孙通带领所有文武大臣加紧训练，尽快熟练掌握所有礼仪规程。参与的人数多了，难度大为增加，叔孙通不辞辛苦、殚精竭虑，又因为有皇帝的旨意，群臣积极配合，操练进展异常顺利。

很快，朝岁大礼时间来到，经过精心准备，公元前200年10月，在高祖皇帝和群臣的期待中，十月岁首大典在长安长乐宫如期举行。一切按照排练程序有条不紊地进行，宫廷侍从各司其职，文武百官按等级顺序在大殿前的台阶两边肃立，现场一片肃穆。时辰来到，司仪一声高喊，各级侍卫官们接口相传，汉高祖乘辇车从里面出来，威严地在龙椅上坐定。文武百官分班小步疾行入殿，跪拜朝贺，在皇帝允准后，众人才恭敬地平身，整个过程威严大气而又安静有序。在接下来的典礼大宴上，皇帝高居主位，大臣们仍俯身仰望，不准平坐正视皇帝，然后按顺序恭敬地向皇帝祝酒。酒过九巡，司仪宣布罢酒。御史在场内执法，见到违反礼仪者便立刻带出大殿。自始至终，文武大臣都诚惶诚恐，敛声屏气。大臣之间礼让有加，没人再称兄道弟，没人敢勾肩搭背，相互之间恭敬地以官职相称，以往酒宴上大呼小叫，甚至狂饮失礼的现象再也没有出现。刘邦第一次体会到了天子的威严，开始意识到掌握儒家礼仪的儒学弟子们的重要作用。叔孙通第一次将儒学、儒者与社会政治结合起来，制定维护皇权、巩固统治的朝仪，就获得了巨大成功，儒家和儒学也开始受到汉高祖及其群臣的重视。而叔孙通制定的这套礼仪制度，历经沿革，一直沿用到清朝末年。

一场大典弥补了称帝登基时仪式过于简单的缺憾，汉高祖心理上获得了极大的满足，对儒生们也越看越顺眼，对他们的才华越发欣赏，顺理成章，叔孙通也被重用为奉常，并获奖五百金。叔孙通感觉刘邦已经意识到儒家学说和学者的重要作用，就上奏高祖，向他举荐了一批在制定和演习礼仪中作出贡献的弟子以及从鲁地招来的儒生，刘邦非常痛快地任命这些人当了官。叔孙通还把高祖赏赐给自己的五百金全都分给了跟在自己身边的这些儒生。弟子们对叔孙通佩服得五体投地，更多的儒生投奔他而来，儒学、儒者的影响力不断扩大，地位不断提升。汉高祖九年，叔孙通又升任为太子太傅，地位进一步提高。

随着地位的提高和高祖信任度的提升，叔孙通说话的分量也越来越重。刘盈是刘邦与吕雉的长子，项羽分封诸王，刘邦受封汉王，立刘盈为王太子；刘邦登基称帝，刘盈被立为皇太子。但刘盈生性仁弱，草莽出身的刘邦感觉他不像自己。加之，刘盈的生母吕后年老色衰，已不太受高祖宠爱。深受刘邦宠爱的戚夫人所生的皇子刘如意长相与刘邦非常相似，因而深得刘邦喜爱。刘邦数次想废掉刘盈，改立如意为太子。在遭到众大臣反对后，刘邦只好暂且作罢，但一直未彻底断绝易储的念头。淮南王英布谋反，身体有恙的高祖想派刘盈带兵平叛，刘盈却最终没有出征，这也使得高祖非常失望。因此，刘邦平叛归来后，易储的想法更加强烈，提出改立刘如意为太子。虽然张良等众多大臣都坚决反对，但汉高祖不为所动。眼看事情已无法挽回，叔孙通置生死于度外，挺身而出，劝谏高祖说："废嫡立庶、废长立幼将会动摇国本，历史上的教训很多，晋献公改立储君，导致晋国持续大乱几十年，秦始皇一直不确立长子扶苏的太子地位，最终导致传国二世而亡，陛下现在一定要背叛患难与共的结发妻子，废掉仁孝的太子，那就让我先死吧。"说着就要拔剑自刎，汉高祖被叔孙通的忠义刚烈所感动，只得就此作罢，并安抚他说："我就是随便说说而已。"叔孙通却不同意，进一步强调说："太子地位的稳定关系到天下的安稳，这种事怎么能视作儿戏呢?"

作为太常博士，叔孙通带领儒生们按照儒家礼仪，结合当时实际，还制定出一系列具体的礼仪规程。一是为天子制定了服饰制度。叔孙通与萧何、周昌、王陵联名上奏汉高祖，提出上自天子下至黎民百姓，衣着服饰都应该顺应四时之变。为体现天子威严，并顺应四时之变，他与儒生们根据儒家的四时明堂制度，为天子制定了在不同场合应该遵守的服饰制度。二是制定了婚姻嫁娶的礼仪——“六礼”，即结婚的六道程序和仪式：纳采、问名、纳吉、纳征、请期、亲迎。纳采是六礼第一礼，就是男方请媒人带着一定的礼物去女方家提亲，若女方同意，男方再正式带着礼物去女方家求婚。问名就是男方请媒人到女方家问询女子的姓名、生辰八字等。纳吉就是男方到祖庙里，就男女双方的姓名和生辰八字向祖先卜问，看看双方结合是否吉祥。纳征就是男方向女方下聘礼。请期就是男方请求女方同意自己一方根据祖庙卜问选定的婚期。亲迎就是结婚时男子亲自去女方家迎娶新娘。叔孙通就天子婚姻特别指出，皇帝娶亲时，亲迎这一仪式可以变通，可让上卿代为迎接。六礼体现了婚姻嫁娶的严肃隆重，并逐渐由朝中、贵族推广到民间。三是吸收乐人的意见，推陈出新，创制汉代礼乐，其中以宗庙祭祀之乐为主。

制礼作乐是儒家职分所在。深受汉高祖器重的叔孙通当仁不让地要完成为汉朝创制礼乐的光荣任务。叔孙通带领儒生遍览儒家典籍，详细考察秦朝宫廷乐队的编制情况，深入民间倾听民间乐人及流落到民间的宫廷乐人的建议，同时考虑到以汉高祖为代表的一批开国元勋出身草莽的特点，确立了古今结合、雅俗共赏的风格，推陈出新，创制了汉代的宗庙乐。通过《汉书·礼乐志》对宗庙祭祀活动的记述，我们可以大体了解到当时音乐与仪式的配合情况：皇帝举行盛大的祭祀活动时，先奏《嘉至》乐，迎接吉神降临宗庙，随后皇帝踏着《永至》乐的节拍，缓慢庄严地步入宗庙。当祭祀贡品奉上后，奏《登歌》乐伴奏。接下来，皇帝唱诵祈福祷文，为不影响神灵和祖宗听清每一句祝祷之词，所有奏乐都应停止，皇帝唱诵结束后，接着再次奏响《登歌》乐，直到祭祀结束，当各方吉神接受完奉献祭祀后，演奏《休成》之乐，欢送诸神归返。祭祀结束后，皇帝到东厢房饮酒歇息，以《永安》乐伴奏，祝贺祭祀之礼圆满成功。

公元前195年，汉高祖刘邦驾崩，惠帝刘盈继位。惠帝以“仁孝”著称，经常从未央宫去长乐宫拜见吕后，但需要绕行刘邦的宗庙，为了便于通行，惠帝便下令修建了一条穿过宗庙的空中复道，这是不符合礼制规范的。叔孙通劝诫惠帝说：“后代子孙在自己祖宗的上面走来走去，这是对祖先的大不敬。”惠帝听后，非常自责，马上答应要恢复原状，叔孙通不拘一格、善于变通的风格又体现出来了，他说：“一拆就表明陛下承认自己犯了错，就会有损陛下的威严。不如另择吉地为先皇新建一座宗庙，以表陛下的孝顺。”惠帝非常高兴地采纳了他这个一举两得的建议。

叔孙通不仅帮助汉朝整理了朝纲，制定了一套适合当时形势需要的政治礼仪制度，而且撰写了《汉仪十二篇》《汉礼度》《律令傍章十八篇》等仪礼法令方面的专著，对后世影响深远。

汉代儒学复兴第一人

叔孙通一生波澜起伏，在朝堂沉浮，寻求突破，为复兴儒学殚精竭虑，为西汉王朝乃至整个中华民族留下了灿烂的礼仪文化遗产。

第一，为西汉王朝网罗了一大批儒家人才。“焚书坑儒”之后，特别是历经秦末战乱、楚汉相争等一系列社会动乱，儒家式微，儒家人才凋零。叔孙通投靠刘邦时，带去的弟子有一百余人，这些人为西汉初年的儒家保存了火种，他为制定礼仪规制，又从鲁地征召儒生，制定礼仪规制后，又带领官员演习，使他们在潜移默化中接受了儒家思想，后来，在叔孙通的推荐下，这些儒生大部分进入朝廷为官，进一步扩大了儒家思想的影响，特别是在朝廷和贵族阶层中的影响，这对于优化汉初官员结构，促进汉代儒学的复兴，作用巨大。作为汉代儒学的先驱，司马迁在《史记》中将叔孙通誉为“汉家儒宗”。

第二，继承了儒家“制礼作乐”的传统，促进了儒家“礼乐”学说的创新。叔孙通制定礼仪既参阅儒家典籍，又不囿于古制，而是因时因势制宜，善于变通。他制定朝廷礼仪时，为使刘邦易知易行，简化礼仪中对皇帝的约束和限制；对惠帝修建横穿高祖宗庙的复道的灵活处理，这些都显示出很高的技巧。正因如此，他制定的礼乐规制才在最高统治者的认可和支持下得以推广传承，儒学才步入统治思想的殿堂，最高统治者才意识到儒者、儒术的作用，从而为儒学在汉初的政治舞台上争得了一席之地。他的儒家思想、礼治学说对西汉王朝，甚至对整个封建社会礼仪制度的制定与实施也产生了深远的影响。

第三，促进了儒学的复兴。汉初统治者之所以完全废除了秦朝的朝政礼仪，是因为汉高祖及其开国功臣们只看到秦朝礼仪的烦琐，没有意识到这种礼仪对维护统治秩序的作用。礼的独特作用在于使上下尊卑界限分明，礼制则通过制度维护这一界限，从而保证下不犯上，特别是保证作为最高统治者皇帝的尊严不受冒犯。造反起家的草莽英雄刘邦及其追随者，最初对此不屑一顾，但当自己登基称帝、位居高位后，就有了显示威严、维护尊严的迫切需要了。叔孙通正是通过制礼作乐，满足了刘邦的需要，帮助刘邦完成由一介草莽到至尊皇帝的转变。叔孙通也由此备受恩宠，步入西汉开国功臣之列。他继承了儒家自古以来积极入世的传统，学以致用，灵活变通，尽一切努力实现儒家理论和学说的实用化，巩固了新生的西汉政权，使刘邦君臣切身体会到了儒家礼制的现实作用，对儒家由蔑视到信服、重视、青睐有加。所以，在汉代儒学发展史上，叔孙通应记首功。

不同的人对叔孙通有不同的评价，有人批评他数易其主，缺乏节操；有人认为他建议汉惠帝修建宗庙，是为了教导汉惠帝文过饰非。司马光指责叔孙通变革礼仪制度只是为了攀炎附势，结果不伦不类，丧失了古礼的原汁原味，导致古礼失传。而司马迁赞扬叔孙通能随机应变，制定礼仪法规能够随着时世变化有所取舍，有利于礼仪规制的推行实施。

十四、儒林经神——郑玄

《六经》之所传，训诂为之祖……至今《三礼》存，其学非小补。

郑玄像

郑玄，字康成，东汉著名经学家。公元 127 年生于北海高密（今山东高密），逝于公元 200 年。郑玄年轻时即显露出浓厚的学术兴趣和过人的经学天赋，后遍拜经学大师，潜心研读古、今文经学典籍，终成为精通今文经学的古文经学集大成者。学成之后，他致力于对儒家典籍的注释，他兼采今古文经学，尽力消除二者的纷争，继承创新，遍注儒家经典，形成“郑学”。他对儒家经典的注释，获得学界和官方的高度认可，长期被封建统治者作为官方教材，经学也进入了“小统一时代”。

天资聪颖志在治学

郑氏家族原本家世显赫，郑玄的远祖郑国为孔子弟子，郑玄的八世祖郑崇曾官至尚书仆射。但到郑玄祖父、父亲时，已成为普通农家。郑玄虽然出身农家，但天资聪慧又勤学好问，很早就显示出过人的学问，在乡里被视为神童。

但郑玄不愿在人前显摆自己。12 岁那年，春节之后，母亲带着郑玄回娘家，那天外祖母家亲戚很多，和郑玄年龄相仿的孩子有十多个，大家聚在一起，说说笑笑，极力显示自己博闻强记，只有郑玄独自坐在一边，默不作声，显得不太合群。母亲感觉很没面子，就催促郑玄去跟小伙伴们说说自己见闻和心得，显露一下自己的才华。郑玄拒绝了母亲的劝告，并告诉母亲自己研究学问，不是为了显摆，不愿意那么庸俗。

因家境贫困，年轻的郑玄因为要养家糊口而不能继续全身心钻研学问了。18 岁时，他先是出任主要负责诉讼和征收赋税的“乡啬夫”之职，因表现出色，很快就被提升为相当于副乡长的乡佐。在这期间，他还抓紧一切时间和机会钻研学问，白天到官署上班，晚上挑灯夜读。节假日，他就到附近的学堂虚心地请先生给自己答疑解惑。父兄提醒他应该顺着为官的通道不断上升，反对他这样不务正业，不安心政务，但郑玄只是把为吏当成了谋生的手段，其真正的志趣在于研究学问。天赋过人加上勤学不辍，作为年轻学者的郑玄很快就凭借扎实深厚的经学功底脱颖而出。

当时，东汉名士、“八骏之一”的杜密任北海王国相，到下辖的高密县巡视，与郑玄交谈后，立刻意识到自己遇到了一位难得的人才，在征得郑玄同意后就把他升调到郡里任职，这样郑玄眼界进一步开阔。后来，杜密又亲自修书，将郑玄推荐到京师太学进行深造。在太学，郑玄如鱼得水、如饥似渴地学习，他先师事当时非常著名的经学博士第五元先，系统地学习了《京氏易》《公羊春秋》等今文经学的经典文献和《三统历》《九章算术》等有关历数之学的典籍，后又拜师当时的名儒东郡（今聊城一带）张恭祖，潜心研读《周官》《礼记》《左氏春秋》《韩诗》《古文尚书》等经学经典，其中，《礼记》和《韩诗》为今文经学典籍，其余均为古文经学的重要典籍。后来又跟随陈球学习《律令》。不仅如此，他还多方游学，遍访名儒，经过十年左右的学习历练，郑玄的学问获得了突飞猛进的增长，已非旧时可比，崤山以东一带（今山东、河北、河南等地），郑玄已经找不到值得求教的学者了。

师从马融求学深造

学，然后知不足。公元 154 年，在好友卢植的引荐下，郑玄西出函谷关，到扶风郡（今陕西兴平一带）拜当时著名经学大师马融为师，继续提高自己的学问水平。

马融是汉代通儒，他学识渊博，遍注儒家经典，特别是古文经学水平在当时首屈一指。他为人高傲，不轻易收人为徒，但慕名而前往拜他为师者仍有上千人，其中著名的弟子就有五十多人。马融讲学也颇有特点，他只为自己的部分高徒亲自授课，大部分弟子都由他的高徒代其授课。郑玄性格低调，不喜张扬，一直未显露才能，也不为马融所知，拜到马融门下三年都没有见到马融一面。但郑玄并未气馁，仍旧刻苦钻研，抓住一切机会向马融的高徒们请教学习，这些高徒们对他的了解也越来越深。

马融精通术数，也以此自负。一次，马融和他的高徒在一起演算浑天问题时，遇到一道难题，大家都束手无策。一位对郑玄较为了解的弟子突然想起郑玄，马融半信半疑地让弟子把郑玄找来。在众人的注视下，郑玄当场准确地解决了问题，马融与在场的弟子们都惊服不已。从此，马融开始对郑玄另眼相看，郑玄也把自己以前学习时遇到的困惑虚心向马融一一请教，马融毫无保留地进行解答，在马融的指导下，郑玄的学术水平提高得更快了。

时光飞逝，春去秋来，郑玄已在马融门下学习了七年，在老师的悉心教导和自己的刻苦努力下，郑玄收获颇丰，就连马融也常常慨叹这位高徒已经把自己的学问全部学到手了。因父母年老体弱，亟须照顾，于是郑玄依依不舍拜别马融，踏上了返乡之路。马融送别郑玄时，既感慨又自豪地对其他弟子说："郑玄这次返回山东，我的学问都被他带到山东去了。"

隐修经业创立郑学

游学多年，重返故里，40多岁的郑玄已是全国著名的经学大师，他既精通古文经学，又深得今文经学精髓，慕名而来拜师求学者成百上千。

由于郑玄大部分时间都在求学，没有经济来源，加之家境贫寒，学成归来后开馆讲学、养家糊口都需要有经济来源。东莱郡的不其侯对郑玄的学问非常仰慕，诚心诚意地邀请他前往开馆讲学。不其侯还在不其山下划出大片良田供郑玄师徒耕种，郑玄带领学生在不其山下边耕边读，培养了大批经学人才。

当时，古文学派和今文学派斗争激烈、互不相让。之前已有三次大规模的学术争论，互有胜负。第四次争论就在郑玄和时任谏议大夫何休之间展开，最终郑玄代表的古文经学完胜。但需要说明的是，作为精通今文经学的古文经学大师，郑玄打破常规，师古而不泥古，在解注古文经书时，以古文为主，兼采今文。他利用自己渊博的知识，扎实的今、古文经学功底，将今、古经文融会贯通，突破门派之见，创造了一个新的学派——郑学。“党锢之祸”的十四年，是郑玄受迫害的十四年，同时也是他在学术研究上成果最大的十四年。他潜心注述“几百余万言”，终结了今、古文经学的学术争论，使经学进入一个“小统一时代”。

郑玄倾其一生为儒家典籍作注，但完整保存下来的并不多，其最大功绩就是称为《三礼经》的《周礼》

《仪礼》《礼记》的注释。马融和卢植最先将《周礼》《仪礼》《礼记》合称“三礼”，但直到郑玄为其注释之后，这一称谓才最终确定下来。“三礼”是中国古代典章制度的总结，具有重要的历史价值，但是因为年代久远，错讹难免，再加上参考文献的失传，导致理解困难。郑玄结合自身所学，穷其所能，发掘文献，使其注释有据可查，他通过对多种版本的比对核实，订正流传过程中出现的错讹之处。在注疏经文时，他发掘出了很多最初制定“三礼”时所参考的文献，并在注释中做了补充，这极大地增强了礼仪规制的可溯源性。也正因为有了郑玄的《三礼注》，很多当时接近失传的文献资料得以传承，郑玄在注疏中所补充的文献，就成为我们考释的第一手资料了。

郑玄之后研究礼仪规制的学者都无法迈过郑玄的《三礼经》另起炉灶，大都将其作为最基本的文献来源。自唐代始，《三礼经》被视为标准注本，自宋代始，被列为官方教材，直到今天，仍被学界作为权威注本。唐朝经学家孔颖达更是评价说“礼是郑学”，郑玄在礼学研究中的历史地位由此可见一斑。就连一向自视颇高，从不轻易赞颂古人的顾炎武在《述古诗》中也高度评价郑玄对礼学的贡献：“至今三礼存，其学非小补。”由此也可见郑玄礼学成就之大、影响之深。

黄巾起义后，党锢解除，郑玄也重获自由。此时的郑玄学术才华声名远播，上至皇帝，下至地方军阀都极力想将其延揽麾下，但都被他以各种借口一一谢绝，实在难以直接谢绝者，他也不真正到任。他极力避免与权贵来往，将所有精力投入到注释儒家经典中，其间，因为战乱，投奔徐州避难，并在此注疏《孝经》。其余大部分时间都在家乡注疏、授徒。他不计较名利，只要是有利于经学传承的事情，他都愿意去做。

有一天，郑玄外出在一家客栈偶然遇到服虔，二人互不相识。服虔跟别人谈论自己要注《左氏春秋》。郑玄当时也正在注疏《左传》，于是就认真地听了服虔与人谈论的内容，感觉他的观点和自己大多相同，于是拿出自己已经注疏的材料送给服虔，让服虔继续为《左传》作注，自己不再注疏。那个年代，文献收集整理非常困难，郑玄赠予书稿，当然令服虔喜出望外。服虔也不负所望，参阅诸多资料，甚至为了听崔烈讲解《左传》而隐姓埋名前去为其门生做饭，并最终完成《左传》注释。郑玄甘为人梯的学术风范，令人敬仰。

颠沛流离的晚年

从关西返回山东后，郑玄“客耕东莱”，注疏授徒，但第二次“党锢之祸”时，郑玄只好遣散学生，离开东莱，与弟子们各奔东西。公元 191 年，郑玄 64 岁时，山东被黄巾军攻占，郑玄逃往徐州避乱。徐州在陶谦治理下较为安定，陶谦对郑玄也非常尊重，使郑玄得以较为安静地注疏《孝经》。

在北海相孔融的力邀下，郑玄于公元 196 年返回北海郡，定居在老家高密。返程路上曾遇到大批黄巾军，黄巾军首领久闻郑玄之名，带领手下对其伏地叩拜。得知高密为郑玄老家，还相约不入高密境内，郑玄得以安全回家。这一年春夏之际，袁绍派其子袁谭带兵围攻孔融，郑玄派其子郑益恩带兵前去救援，因寡不敌众，益恩战死。白发人送黑发人，遭逢失子之痛的郑玄身体每况愈下，但他还在夜以继日地注疏儒家经典。公元 200 年，73 岁高龄的郑玄身体状况已经大不如前。这一年，历史上著名的官渡之战爆发。战前，袁、曹双方都在争取民心，制造声势。袁绍为赢得民心与军心，以师出有名，胁迫一批名士随军出征。他专门派儿子袁谭前往高密，强迫 73 岁的郑玄前往河北袁绍辖区，以装点门面。有病在身的郑玄不得不抱病跟随，走到元城，就再也无法前行了，结果到六月，一代经学大师就病重去世，客死他乡，在临死之际还在注解《周易》。

郑玄去世时正逢军阀混战、天下大乱，但为其披麻戴孝送葬的弟子和官员仍有上千人，他先被安葬在青州境内，后来又被迁回高密，归葬家乡。现在他的墓地仍存有唐代墓碑和郑玄祠。郑玄的学生们为纪念恩师的教诲，模仿《论语》，把郑玄平时和弟子们问答的言论编辑为《郑志》，共 8 篇。

著名教育家和思想家

郑玄继承了自孔子以来，儒家重视教育的优良传统。从关西返回家乡后，郑玄就开始开坛授徒，《经学史》说郑玄“著书满家，从学数万”，加上再传弟子，数量应该相当可观，因此，郑玄也是我国古代著名的教育家。

他善于识人，在教学过程注重因材施教，采取启发式教学和问难式教学。郑玄治学严谨，对自己拿不准的知识从不轻易下结论。教育学生也是如此，强调教学中必须要实事求是。郑玄非常重视教师在教学过程中的作用，强调教师必须德才兼备，必须通过持续学习不断提升自己，在教学过程中必须方法得当。郑玄一生桃李满天下，著名的弟子有数十人，既有居庙堂之上的高官、割据一方的诸侯，也有学问精深的儒学大家。

郑玄对训诂学作出了巨大的贡献。训诂学，就是用语言来解释语言，郑玄遍注群经，其内容几乎包括后世训诂学所涉及的全部。而郑玄所采用的训诂方式都十分完备。郑玄注经所用的训诂术语也相当丰富，整体十分严密。郑注群经为后世的训诂学起到了导源的作用，是中国训诂学之起源。

郑玄在注疏儒家经典时阐发自己的学术思想，通过授徒讲学传播自己的学术思想。在哲学方面，由于时代的局限，他认为存在人格化的神，认为天命主宰人世，天有赏罚的功能，是最高主宰，人的生老病死、贫富贵贱都是由上天决定的。皇帝是天子，代表上天来统治天下万民，百姓应该服从天子的统治，切勿犯上作乱。如果天子的行为符合天神的意志，则天降祥瑞；天子如果违背了上天的意志，自有上天惩罚他。他还进一步神化了阴阳五行学说，认为自然界和人类社会的各种变化，都是阴阳五行交替运行的结果。

在政治思想方面，他坚持神学唯心主义哲学观，极力为封建制度进行辩护。郑玄提出，封建制度是上天的选择，是天意的体现。郑玄反对东汉末年的豪强割据，积极维护封建统治的中央集权制，认为封建制度是最合理的制度，因而是永恒的。他在注释儒家经典时极力宣扬忠孝思想，强调君君、臣臣、父父、子子，严守等级秩序。但他也看到当时豪强割据、军阀混战的政治现实，在注释群经时，时时流露出对君贤臣忠国泰民安的向往。郑玄的政治思想是对前人思想的继承，但他把这些政治思想融会贯通到对群经的注释中，这对于儒家传统思想的传播，具有十分重要的意义。郑玄的政治思想体现了民众对战乱的厌恶和对稳定生活的追求，从某种意义上来说，是与当时广大民众的根本利益相一致的。

十五、后汉三贤之“狂生”——仲长统

（仲长）统性倜傥，敢直言，不矜小节，默语无常，时人或谓之狂生。

仲长统像

仲长统，字公理，后汉三贤（王充、王符、仲长统）之一，公元180年出生于山阳郡高平（今山东省邹城西南部）一富裕家庭，逝于公元220年，东汉末年哲学家、无神论思想家、政论家。

仲长统家境富裕，因此他从小接受了良好的教育，加上天赋较高又勤学好问，不到20岁，就开始到周围州郡游学。仲长统风流倜傥，颇有才华，性格豪爽，为人狂放不羁，处世不拘小节，言谈举止全凭个人喜好，当时很多人把他视为异端，称呼他为“狂生”。仲长统的思想集中体现在他所著的《昌言》一书中，但该书现仅存三篇，大部分已经失传，但从现存的部分残篇和后人对其思想的整理研究中，我们能够大体了解他的思想情况。

朴素唯物主义天人观

仲长统在理论上的最大贡献就是批判了当时占统治地位的天人感应神学天道观，继承和发展了荀子、王充等思想家所坚持的唯物主义天人观。两汉时期，在天人观上，占统治地位的是天人感应神学观念，仲长统继承了荀子、王充等人“天道自然”的朴素唯物主义思想，对“天人感应”的天人关系进行了深刻批判，认为“天”就是外部的自然界，它的运行遵从自然界自身的法则，天没有意识，其运行也没有目的，更不存在孔子所说的“天命”，天感应不到人事，更不会干预人事。在明确天人关系的基础上，仲长统充分发挥了荀子“制天命而用之”的思想（荀子唯物主义天命观），指出虽然天不干预人事，但是人有能力去认识和利用自然界的运行规则（他把这种规则称为“天道”）。

重“人事” 非“天道”

在坚持唯物主义天人关系的基础上，仲长统进一步发展了荀子“明于天人之分”的思想，提出了“人事为本，天道为末”的命题，将“天道”和“人事”明确区分开来，并进一步指出，天道由人事所决定，治理国家最重要的在于尽人事，而不是听信天道。从这一基本立场出发，仲长统对三统说、五德始终说、五行相生相克说等理论进行了批驳，用历史事实反驳了关于两汉最高统治者特别是开国皇帝的种种神化故事，指出他们之所以能够打下天下，坐上皇位，并非“奉天承运”，也不存在“君权神授”；而主要是刘邦、刘秀有一批能征惯战的得力干将和足智多谋的忠诚谋士，不是上天的福佑，都是人力的结果，同样，王朝盛衰、朝代更替，也取决于人事而非天道。他还把君主分为上、中、下三等，把不爱惜民力，不勤于政事，遇事祈求神灵的君主称为“下愚”之君主。他指出，国君只有重人才、明赏罚、行仁政，以尽人事，才能治理好国家，使得国泰民安，天下归心，而不要动辄祈祷、卜筮，迷信天道。“人事为本，天道为末”既是仲长统的世界观，也是他的认识论。仲长统指出，“人事”即人的实践活动是认识的基础（“本”）。这一命题体现了两汉哲学和无神论在天人关系问题上的最高水平。

德刑并用　以法为本

东汉末年，豪强并起，民不聊生，怨声载道，社会矛盾不断激化，农民起义不断爆发。面对这种社会局面，仲长统在继承儒家“德主刑辅”思想的基础上，对

“德”“刑”关系进行了调整，强调乱世用重典，认为在豪强势力尾大不掉，农民起义星火燎原的背景下，德治的作用和效果难称人意，应该因时制宜，乱世突出法治。为求罪刑相称，他还提出应该恢复“肉刑”，以惩罚重罪。同时，他强调，礼仪制度、法律规范都应该具有一定的稳定性，切勿朝令夕改，使人无所适从。他还非常重视制度执行者的素质问题，指出要推行法治必须要选出最合适的执法者。仲长统对以“忠孝”为核心的伦理规范进行深入剖析，对一直以来备受推崇的孝道提出了质疑。他结合东汉末年外戚专权的政治现实，强烈反对将伦理规范与国家政治统治相结合，指出正是因为对孝道的鼓吹，使得年幼继位的皇帝被孝道所束缚而对太后言听计从，导致太后宗族的外戚干政擅权，危及皇权。

注重礼仪教化的教育观

在强调德刑并用的同时，从小接受良好教育的仲长统继承了儒家重视礼仪教化的传统，认为礼仪教化是天下归心的关键。他指出，上自天子王侯，下至黎民百姓，都应该接受礼仪教化。他总结汉代几位帝王政德不佳、政治腐败、政局混乱的教训，强调皇位继承人必须要接受系统的礼仪教化。王侯及其子弟也必须进入太学，通过教化，提升道德水准。上行下效，百姓的道德素质才会在潜移默化中不断提升。另外，对于百姓，仲长统主张通过礼义教化来移风易俗，提高百姓的道德修养。

唯才是举的人才观

针对东汉末年官员举荐中的官场腐败，仲长统提出了“任人唯才”的思想。官员选拔必须要任人唯才，以真实才干为依据，坚决打破任人唯亲的裙带之风，这样才能选出有真才实学的人。最高统治者要想稳固统治，使黎民百姓安居乐业，就必须要采取切实措施，将社会上有才学的人选拔出来，为国效力。为做到名实相符，选出人才后，要委任给他们相称的职位，使他们能够发挥才能，同时要加强考核，对考核中发现的优秀人才要不断晋升和提拔，考核的过程就是监督的过程，要通过监督，使官员真正以造福黎民为己任。

仲长统在并州游学时，袁绍的外甥高干任并州刺史，高干志大才疏，喜欢招揽名士，却做不到知人善任。在他的招揽下，很多名士投奔到他的门下。仲长统拜见高干后，高干很器重他，通过交谈，仲长统发现高干有谋逆心，但凭他的实力和才干难以成功。所以，当高干向他请教对时局的看法时，仲长统直言不讳地劝告说：“您虽然有宏图大志但缺少雄才大略，虽然名士汇聚但您做不到知人善任，所以应该谨慎行事，否则会招致灾殃。”当时的高干已经被自信冲昏了头脑，对仲长统的劝告不以为然，仲长统看到这种情况，就很快离开了并州，以避灾难。仲长统离开不久，高干就在并州起兵反叛，正如仲长统所预料的一样，高干很快就失败了。

逍遥出世的人生观

早期的仲长统愤世嫉俗，积极入世，却因怀才不遇而越来越迷茫。他曾为曹操建言献策，但未被采纳；他在《昌言》中为挽救时局开出过一系列救世良方，也未受到重视。汉末“党锢之祸”以及孔融、杨修等名士才子被冤杀的残酷现实也对他产生了极大的刺激。因此，仲长统由儒家的立功济世，转向道家的出世“逍遥”。仲长统的人生观是矛盾的。一方面，儒学仍是当时占统治地位的官学，他自幼接受的是经学教育，儒家思想在其头脑中根深蒂固，立功济世是其处世哲学。另一方面，理想破灭的打击和掌权者草菅人命的残酷现实，使得他被迫逃离现实，转向道家，麻醉自己，寻求解脱。仲长统最终抛弃儒家立功济世的信念而趋向道家，给后人留下了一个“狂生”的形象。

英年早逝的仲长统仅仅活了40岁，但他留下了很多宝贵的思想遗产，除了上述学术贡献外，他主张恢复井田制、限制土地兼并的经济思想，厚禄养廉的吏治思想，屯田垦荒的边防思想等，无不体现出他超人的智慧和超前的眼光。

十六、经学大师——王肃

王肃仕曹魏，以经学著名。

王肃像

王肃，字子雍，公元195年出生于东海郡郯县（今山东临沂郯城），公元256年去世，是三国时期著名的经学家。王肃以大儒宋忠为师，与郑玄一样，也曾遍注群经，对今文经学和古文经学都颇有研究，又通过编写《孔子家语》等来反对“郑学”，宣扬自己的精神理念和道德价值，所注经学被统称为“王学”。

公元231年，王肃的女儿嫁给了司马昭，后被追封为文明皇后。王肃的经学也被列于学官，从此确立了王学的官学地位。他早年入朝为官并多次针对朝政提出建议，后承袭父亲的爵位，又因助司马师平叛有功而再次升官加爵，去世后被朝廷追赠为卫将军，谥号景侯。

知二代　官二代

王肃的父亲王朗，精通儒家思想，早年即入朝为官，并因品学兼优，步步高升，最后官拜御史大夫，后来他又因政绩显著，被封为安陵亭侯、兰陵侯。王朗并非只善清谈的书生，和当时很多儒家人物一样，积极响应统治者征召，主动为朝廷分忧，将自己平生所学投入到治国安邦的政治实践中，在朝堂上积极建言献策。在学问研究上，他善于将自己的思想与儒家经典相结合，因时因地制宜，借儒家先贤之口阐述自己的思想。

公元195年，时任会稽太守王朗添得一男孩，这就是后来声名显赫的经学家王肃。王肃的出生，并没有为家庭带来太多喜悦。王肃出生的第二年，在江东孙策的猛烈进攻下，寡不敌众的王朗被迫带着襁褓中的王肃弃城逃跑，但孙策并不想放过他们，仍然穷追不舍，走投无路的王朗只好投降孙策。孙策把他安置在曲阿（今江苏丹阳），但王朗不愿为孙策效力。不久，“挟天子而令诸侯”的曹操上表致汉献帝征召王朗，在经过数年的颠沛流离后，王朗辗转多地最终回到中原。抵达许都后，被汉献帝封为谏议大夫，直到此时，他们一家人才结束了漂泊不定的生活。

出身于书香门第、官宦家庭的王肃天生聪颖好学，加上学识渊博的父亲的鞭策指点，很快就遍读了家中丰厚的藏书。王朗的老师是当时著名的今文经学大师，所以王肃一开始主要接触学习的是今文经学。当时古文经学大师马融名满天下，其学说一度为当时显学，王肃接触后也被古文经学深深吸引了，于是在家人的支持下，他又深入研习古文经学，并凭借自身天赋和扎实的经学功底，将今、古文经学融会贯通。18 岁时，在父亲的帮助下，王肃又拜师当时的大儒宋忠，研读《太玄经》。《太玄经》是西汉学者扬雄在继承和发展道家思想的基础上撰写的一部哲学著作，立足道家思想，融通儒家思想和阴阳家思想，理论价值非常高。天赋极高的王肃在宋忠的指导下，立刻迷上了《太玄经》，在透析原著的基础上，他以儒家思想为基础，将自己的思想融入对《太玄经》的解读，把道家无为而治的思想与儒家理论相结合，对著作进行了独具特色的解读，初步形成其治国安邦的思想，为其步入仕途奠定了理论基础。公元 220 年，借助父亲的威望，王肃被任命为散骑黄门侍郎，步入庙堂，开始了宦海生涯。

毁誉参半的人生

王肃自述："自肃成童，始志于学而学郑氏学矣。"这说明，王肃自己也承认，他的学术起点是郑玄的经学。那么出自郑学的他为什么又激烈地反对郑学呢？这是因为，他认为郑学中的很多错误严重地阻碍了人们对于圣人思想的正确理解，但是世人都看不到这些，对自己修订批判郑学的做法不理解，而自己如果不承担起这一使命，就对不起前贤圣人，为通往圣人之学开辟道路是自己义不容辞的责任。因此，王肃激烈地反对郑学。一是用古文经学驳斥今文经学。郑学总体上是古文经学派，但也不排斥今文经学，王肃就继承贾逵、马融的古文经学来反驳它。二是伪造古书来对抗郑学，《孔子家语》《孔丛子》和《圣证论》等都是他抄录和伪造的古书。他将自己的思想观点塞入这些篡改或者伪造的书中，通过圣人之口阐发自己的思想，抨击郑学，虽显得有点胜之不武，但客观上也修正了郑学中的某些错误。从学术角度看，王学与郑学之争实质上还是经学内部不同学派之间的纷争。但王学的上位，与王肃的皇亲国戚身份有很大关系，这为很多学者所诟病。再加上王肃为反对而反对，存在意气用事的成分，不可避免地出现矫枉过正的现象。因此，虽然在王学的大力抨击下，郑学逐渐衰弱，甚至魏晋时期，特别是司马政权时期，王学力压郑学而成为官学，在学界“王学几欲夺郑学之席”。但是，学界特别是经学史研究界对王肃评价一直不高，特别是对他篡改、伪造圣人之言的做法都颇为不屑。而且郑学毕竟根深叶茂，因此有不少经学家一直在批判王学。如王学一出，当时的“东州大儒”孙炎马上挺身而出，对王肃的思想观点进行了尖锐的批驳；即使到了晋朝，仍有王基、马昭等一批学者极力维护郑学而反对王学，清人陈澧更是评价王学为“一偏之见”。

对郑学的补充

王肃激烈反对郑学的目的就是通过修订郑学中的错讹，创立新的学派而超越取代郑学。但从总体看来，王学对郑学更多的是继承与发展，王学在继承郑学的基础上弥补了郑学的一些缺陷。

王学在很多方面体现出了对郑学的补充和完善。特别是王肃在对郑学神学天命观、“天人感应”思想、“灾异谴告”学说等的批判中，王充唯物主义思想的痕迹非常明显。他继承了王充的推理方法——类推法来论证某些观念和传说的荒谬性。比如他论证人与天能否交流这一问题就很能说明问题。

郑玄在注释《毛诗》时，就充分表现出他的“天人感应”的神学目的论。《毛诗》中有“帝谓文王，无然畔援，无然歆羡，诞先登于岸”一句。郑玄注释为，“天帝对文王说”，或者“上天告诉文王”。把“天”作为人格化的神，认为天和人能够听懂彼此所说的话，把“谓”解释为“告诉”或“说话”。王肃深受《论衡》类推法的影响，他指出，全国不同地区的人，语言不同，彼此说话往往要通过翻译中介来传达，才有可能听懂彼此所说的话。针对郑玄的注释，王肃反驳道：就连同属人类的不同区域的人，交流都要通过中介来传达。和人不属于同类的天，对人所说的话又通过什么中介来传达给人类呢？因此，天和人是不可能对话的。但王肃并没否认天神的存在，他把“天谓文王”注释为“天认为文王”，把“谓”解释成“认为”。这里能够体会到，郑玄的注释是：文王按照天的要求去做。而王肃的注释是：文王自身具有的品性，天能够感受到。相比起郑学的理解，王学中天对人的支配力更弱，人的自主性更强。由此可见，受到王充《论衡》的影响，王肃具有反对世俗迷信和宗教神学的倾向。

时代环境决定了王肃不可能真正形成无神论思想。公元252年，京城发生了一件异事，紧挨武器库边的水中蹦出两条一尺长的鱼，这两条鱼蹦得很高，一直蹦上了武器库顶，很多人目睹了这一场景，消息很快传到了朝堂，上朝时，大臣们议论纷纷，认为金鳞出水是吉兆，是社稷之福。王肃却说：“自然界的所有生灵按照其本性都有自己固定的生活场所，如果离开自己的生活场所，肯定是有意外情况发生了。鱼离不开水，现在却出现在了屋顶上，难道是身披甲鳞的生命要出现意外了吗？是不是戍边军人要发生意外？”不久，就传来了东关之战失利，阵地失守的消息。公元254年，很多人都目睹一股白气穿过天空，大将军司马师感到非常惊异，向王肃求教，王肃回答说：“这是蚩尤旗，蚩尤是战神，这预示着东南方将会有叛乱（蚩尤部落战败后逃亡东南方）。但是您如果善待百姓，使人心归附，那叛乱就不会发生。”公元256年，62岁的王肃重病在床，医生都束手无策，眼看已经无药可救。王肃却仍颇为自信地对夫人说：“建平（著名相师朱建平）给我相面的时候，跟我说过，我肯定能活过70岁，官位会升至三公，我今年才60多点，还早呢！”王肃最终还是没有熬过去。

融合儒道 宣扬无为而治

汉朝建立以后，特别是汉武帝“罢黜百家，独尊儒术”之后，儒学在思想界的统治地位已经牢不可破。王肃师从宋忠研读《太玄经》后，也非常认可道家无为而治思想在安邦定国中的重要作用。后来，他抨击修订郑学，遍注儒家经典，伪造圣人言论，就是为了将道家思想融入儒家传统，在儒学地盘中为道家思想寻找立足之地。为此他煞费苦心，在他伪造的《孔子家语》中，有意识地强调孔子向老子问礼一事，大力宣传道家始祖老子曾是儒家圣人孔子的老师，借此强调老子思想在儒家思想中的地位，并把儒家的“礼”和道家的“道”加以糅合，用道家无为而治的思想改造儒家的礼治思想，从而形成自己有关国家治理的思想。

在父亲的影响和帮助下，王肃步入政坛，投身政治活动，其建言献策很多被采纳推行，并逐步进入核心阶层。根据东汉末年军阀混战、民不聊生的社会现实，他将自己的治国思想运用于为官从政的政治实践中，向最高统治者提出了一系列切合实际的进步政治主张，如“轻徭役”“安百姓”“慎刑罚”“重信用”“倡节俭”“简冗官”等，这些主张既体现了王肃对孔子思想的继承，又明显渗透着道家“无为而治”的思想。

王肃所说的“无为而治”，就是要求统治者在治理国家时，要遵从“天道”。这种“天道”是自然而然、无为无不为的客观规律。王肃指出，统治者治理国家时应该顺从天道，不要胡作非为。面对豪强地主穷奢极欲，百姓民不聊生的惨状，王肃强调当政者应该体恤民众，慎施刑罚，减轻赋税，给百姓休养生息的机会，为他们能够安居乐业创造稳定的社会环境。

随着魏晋玄学的兴起，王学逐渐衰落。虽然经学史上对王肃评价颇有争议，但不可否认，他融合儒道创立的王学，反映了儒学在汉魏之际的发展与过渡，成为魏晋玄学的先导。王学在抨击郑学过程中对郑学的继承发展以及补充完善，客观上促进了学术的发展，王学在政治实践中的运用，也在一定程度上促进了社会的稳定和发展。

十七、千古智圣——诸葛亮

鞠躬尽瘁，死而后已。

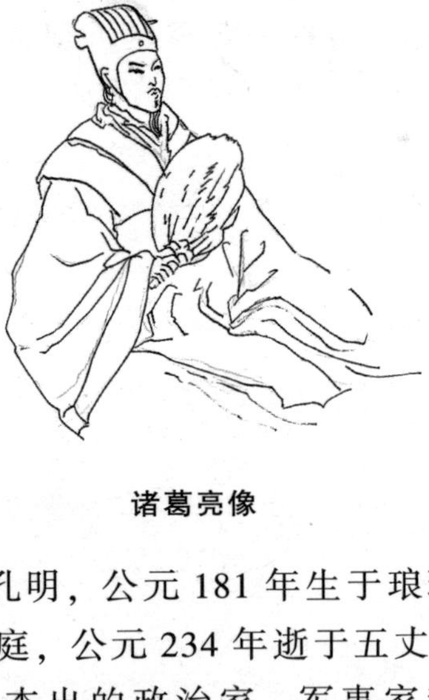

诸葛亮像

诸葛亮，字孔明，公元 181 年生于琅琊（今山东临沂）一个官僚家庭，公元 234 年逝于五丈原军中。三国时期蜀国丞相，杰出的政治家、军事家和战略家。被“三顾茅庐”，隆中出山后，面对实力强于自己的曹操和孙权，诸葛亮凭借自己超群的智慧和娴熟的韬略，辅佐白手起家的刘备建立蜀国，成为三足鼎立之一足。后辅佐蜀国君主治理国家，最终“鞠躬尽瘁，死而后已”。大量民间故事的流传，更加神化了诸葛亮的韬略、智慧和才能，再加上《三国演义》的演绎和渲染，诸葛亮逐渐被当成了智慧的化身，被民间尊为“智圣”。

隆中隐居待机而动

东汉末年，天下大乱，生于乱世的诸葛亮也是多灾多难，他 8 岁丧父，11 岁丧母，后其叔父诸葛玄开始抚养诸葛亮兄妹，但祸不单行，诸葛亮 16 岁那年，叔父病逝。年少的诸葛亮开始用稚嫩的双肩担起为自己和妹妹谋生的重担，他带领妹妹迁到隆中定居下来，辛勤耕作，养活自己兄妹。但胸怀大志的诸葛亮不甘平庸，19 岁时，他和徐庶等一起拜师于水镜先生司马徽门下，研读儒、法、兵等诸子之学，在隆中，诸葛亮潜心研读，并随时关注天下大势，其文韬武略为时人称颂，因此赢得了“卧龙”的美名。经过隆中十年的潜心研究，27 岁的诸葛亮终于被“三顾茅庐”的诚心打动，出山辅佐刘备争夺天下。

重天时更重人谋

诸葛亮否认有“生而知之者”，坚持“学而知之”的朴素唯物主义认识论，他强调知识和才能都是通过学习获得的，如果不学习，人的知识是不会自动增加的。他认为，认识有自己的规律，人们只有尊重这一规律(顺天)，根据认识对象的实际情况（因时)，发挥认识者的主观能动性（因人)，才能获得正确的认识。在认识中，诸葛亮强调“人谋”的重要性，认为“人谋”应该贯穿认识发展过程的始终。他进一步指出，“人谋”的最终目的在于使“人谋”中的结果得以实现。这就需要利用各种外部条件，而诸葛亮就是此中高手。诸葛亮对外部条件的利用，生动地体现在他的各种“借”上：“借箭”“借东风”等都是对天时、地利的充分利用，都是人谋和外部条件、主观努力和客观环境的完美结合。

依法治国　礼法并重

诸葛亮强调行军打仗、治理国家必须依法行事。为了有法可依，他直接参与制定了蜀国的“宪法”——《蜀科》，还主持制定了《八务》《七戒》《六恐》《五惧》等一系列具体的法律规范。诸葛亮强调，治国治军要做到令行禁止，赏罚分明，一视同仁，绝不能因人而异。诸葛亮爱才，马谡是他的一员爱将，他在马谡一意孤行，导致街亭失守后，虽然心中痛惜不舍，但仍然依法将其斩首。在坚持依法治国的同时，诸葛亮也非常重视德治的作用，强调礼、法兼治，德、刑并用，以礼治为前提，法治为后盾，坚持礼仪教化为主，法律惩处为辅。如果犯法之人能够认识到自己的错误，真心实意认罪悔罪，诸葛亮都会最大限度地给予宽大处理，对于犯错之后不思悔改，编造借口，推卸责任的，即使很小的过失也要加重处罚。例如，对于蜀国老臣刘琰的处理就充分体现了这一点。刘琰在前线军中酗酒闹事，影响极坏。在诸葛亮的严厉批评下，刘琰深刻认识到自己的错误并且真诚悔改，诸葛亮就从轻处罚了。

有文事必有武备

军事是政治的延续和手段，诸葛亮是杰出的军事家和政治家，他善于从全局出发，将军事行动和政治活动结合起来。在赤壁之战中，他通过一系列的政治活动实现了联孙抗曹的战略，从而在后来的军事行动中大获全胜。关羽战死、张飞被杀、刘备驾崩等都与吴国脱不了干系，面对蜀国君臣对东吴政权的满腔怒火，以及报仇雪恨的强烈要求，诸葛亮顾全大局，绝不轻启战端，面对误解，置个人荣辱于不顾，排除重重困难，与吴国重修旧好，避免了魏吴结盟而蜀国灭亡的悲剧，他以一己之力，扶蜀汉大厦于将倾。在对孟获的“七擒七纵”中，军事和政治、文与武的结合堪称完美，“七擒”显示了军事的威慑，“七纵”达到了攻心的目的，最终换来了孟获的心悦诚服和“南人永不复反”的承诺，从而为蜀汉政权赢得了一个稳定的大后方。

淡泊明志　宁静致远

诸葛亮的修身养性思想，在他的《诫子书》中得到了充分体现。《诫子书》，一封书信起到了一部家训的作用。书信共八十余字，其中后世广为流传的“非淡泊无以明志，非宁静无以致远”的名言，体现出诸葛亮修身养性方面的清静无为思想。他教育儿子，要淡泊名利，静以养性，戒骄戒躁，才能安心学习，不断积累，最终实现自己的远大理想。这实际上也是诸葛亮对自己生命历程的经验总结。

治国之道　贵在富民

在魏、蜀、吴三国中，蜀国实力最弱，地理位置偏僻，国土山地居多，在诸葛亮辅佐下，蜀汉政权能够较为稳定地统治四十余年，这应归功于他所坚持的符合蜀国国情的治国之道。封建社会，农业是根本，诸葛亮把发展农业放在首位，他大力兴修水利设施，特别设置专门机构负责保卫和维护都江堰，保证了成都平原的农业灌溉水源。为了促进汉中地区的农业发展，他移民两万余人到汉中进行农业耕作，他还组织士兵，实行军屯。针对边疆地区农业技术落后的实际，他制定政策，鼓励、教导南中地区少数民族学习农耕技术，发展农业生产。诸葛亮治国以农为本，同时立本强末，鼓励手工业和商业发展。他主持制定政策，促进蜀锦、煮盐、冶铁等手工业的发展，为了促进与魏吴的商业往来，他派人修复年久失修的交通要道，打通商业通道，促进了对外商贸往来；他还制定了精兵简政、轻徭薄役、节俭薄葬等一系列政策，减轻财政压力。这些开源和节流措施有力地改善了蜀国的财政状况，达到了富民安民的效果。

十八、早逝奇才——王弼

虽然他像流星一样匆匆闪过，只生活了23个春秋，却以其不可思议的天才智慧之光，照亮了整个时代，指明了魏晋玄学的理论航向。

王弼像

王弼，字辅嗣，魏晋时期玄学理论的著名代表人物，公元226年生于山阳高平（今山东金乡），公元249年去世，是中国哲学史上罕见的“少年天才”，他以其天才的头脑，为魏晋玄学的建立打下了良好的基础，搭建起了基本的思想架构，也为玄学的发展指明了理论方向。

王弼出身的山阳王氏家族是名门望族，名人辈出。

王弼的父亲王业是王粲的继子，蔡邕送给王粲的大量书籍都被王业所继承，并最终传给了王弼，生于这样一个书香门第，王弼从小就受到良好的学养滋养和家庭熏陶，再加上他天资聪颖，等到十余岁时，在玄学理论方面造诣就已经很深了。

一辩成名

魏晋时期的学者名士热衷于进行论辩。王弼与裴徽关于“有无”的论辩是他第一次公开的论辩，这次论辩轰动了当时的学术界，也从此确立了王弼在学界的地位。

论辩大约发生于公元 243 年。裴徽在当时的学术界已算大咖级的存在，遇到王弼后，就被王弼的才华所吸引，所以迫不及待地把当时学术界争论不休的一个问题提了出来，裴徽说：我们都知道“无”是万事万物赖以存在的根本，但是为什么作为圣人的孔子很少提及“无”，老子却翻来覆去不停地谈论？

这个问题有两难，一是既然“无”这个问题很重要，孔子对这个重要问题为什么闭口不言呢？二是老子一直在谈论这个问题，是否老子比孔子更高明？孔子这个圣人的头衔是不是名不副实呢？这个两难问题，一直困惑着当时的很多学界高人。

提出这个问题后，裴徽心中有些忐忑，毕竟这个问题是很多大师都头疼不已、难以回答的问题，是不是太为难这位年少的学子了。但接下来王弼的回答让苦苦思索这一问题而难得其解的裴徽大呼过瘾，有如听仙乐之感。只听王弼胸有成竹地作出了石破天惊的回答：圣人孔子对“无”是有深刻认识的，但“无”又是不可言说、无法表述的，所以孔圣人干脆什么也不说，而老子是重“有”而不重“无”的，他一直不停地论述“无”，正说明其对“无”的不了解。这种解释的确标新立异、不同凡响。王弼的回答解决了当时学术界的这个两难问题。他指出，“无”才是事物的本质，“有”是现象，现象显露于外，易于为人认识，本质深藏于内，应该透过现象把握本质。孔子比老子更高明，但老子为人们研究事物的本质指明了方向。

魏晋时期，学界已经出现儒道合流的倾向，魏晋玄学既尊孔又崇老。如何解决孔子和老子的地位问题直接关系到对儒家和道家关系的处理问题，王弼的回答，妥善地解决了这一问题。王弼与裴徽关于“有无”问题的讨论充分显示了王弼的少年天才，从而使得年轻的王弼一鸣惊人。

何晏时任吏部尚书，也是公认的学界领袖，他坚持“以无为本”，正在注释《老子》，但苦于无法参透本体与现象之间的关系。听到王弼与裴徽讨论的消息后，何晏也深深为这位少年天才的思想所吸引，本来以他的身份，通知王弼一声，让他来见自己就行，但爱才心切的何晏想方设法从繁忙的政务中抽出时间，亲自去见王弼，想与他讨论一下有关学术问题。王弼把自己对《老子》的研究所得毫无保留地讲给何晏，他的很多天才的见解让何晏非常佩服。何晏本想与王弼讨论，结果却变成了王弼向何晏讲解，何晏向王弼请教了。何晏为之“神伏”，明白王弼的天才思想是自己无法企及的，他对《老子》的研究也已经远远超越自己，回去后，何晏就放弃了进一步注释《老子》的想法。

何晏对王弼的学识非常佩服，作为吏部尚书的他想提携王弼进入官场。在何晏的努力下，手握大权的曹爽给了王弼一个台郎职位。赴任台郎不久，王弼去拜见曹爽，因为何晏一再举荐，所以曹爽对王弼寄予厚望。曹爽本身政务繁忙，能抽出时间接见他，就是想听到一些国家治理、权力巩固等方面的建议。但王弼见到曹爽后，只是滔滔不绝地向他大谈了一通玄学理论，对曹爽非常急于解决的实际问题却毫不关心，这让曹爽非常失望。经过这次“对牛弹琴”式的对话后，曹爽对他日益冷落。另外，王弼与人相处时棱角过于分明，不够圆滑，且过于清高自负，说话不给人留情面，经常让人下不了台，因此树敌颇多，甚至像王黎、荀融等同僚，本来与他关系颇为不错，也被他得罪了。公元249年，这个台郎职位就被他弄丢了，祸不单行，当年秋天，他又因感染瘟疫不幸去世。

正始玄风　泽及后世

王弼虽然只活了23个春秋，但其学术成就却相当惊人，著述丰富、见解独到、质量极高，特别是他用老子的思想解读《周易》，开创了“正始玄风”，其《周易注》和《老子注》都被后世视为标准注本，流传至今。王弼的玄学理论主要包括三个方面：有生于无，以无为本；以静为本，以动为末；圣人体无，言不尽意。

1. 有生于无，以无为本

在王弼哲学中，“无”是其核心概念，而他以无为本的思想源于老庄。他把《老子》《庄子》《周易》奉为“三玄”，把老子“有生于无”的哲学命题作为思想的起点，融合儒道，层层展开，反复论证其“以无为本，有生于无”的思想。王弼指出，宇宙中万事万物都是有形的，但其根本原则为“无”，“无”并非“空无”，而是“全有”，它是有形之万物的本源。“无”生成天地万物之后，并未离开天地万物，而是仍存在于其中，“无”不能离开“有”而存在，人们必须通过“有”才能认识和把握“无”。王弼把“以无为本”作为其哲学的灵魂并反复论证，其最终目的在于达到“以无为用”，体现在政治上，他强调“以无为本，以无为用”才是治国的根本途径，力图为统治者寻找一条通过“贵无”实现“全有”的治国之道。

2. 以静为本，以动为末

“以无为本”在运动和静止的关系上，就体现为“以静为本，以动为末”。他认为，静止是事物的恒常状态，是绝对的，运动是相对的。在此基础上，他提出“以静治国”“无为而治”的政治思想。他指出，包括人类社会在内的天地万物都遵循自然无为的法则，人类社会的各种道德规范以及顺应这些规范而建立的政治制度都是顺应自然法则而提出的，因此，遵守道德规范和政治制度就是顺应自然法则。自然法则就是自然无为，统治者治理国家也应该遵循无为而治的原则。

3. 圣人体无，言不尽意

在与裴徽的讨论中，王弼就明确指出，孔子对“无”是有深刻认识的，但因为“无”是无法用言辞述说的，所以干脆就不说。“无”虽然是不可言说的，但它存在于万有之中，所以圣人可以通过对万有的认识来把握“无”。

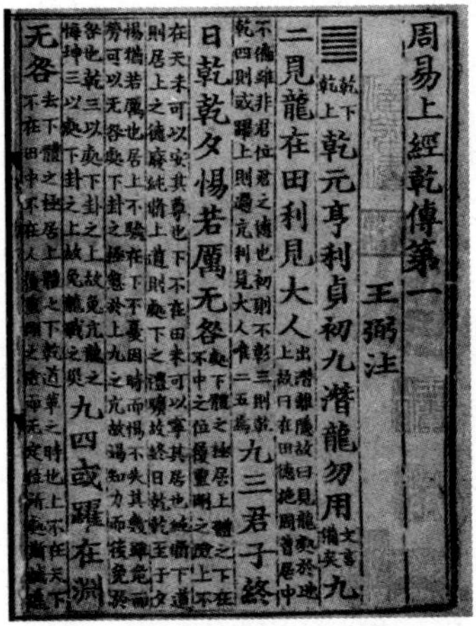
周易上經乾傳第一
王弼注
乾元亨利貞初九潛龍勿用
九二見龍在田利見大人
九三君子終日乾乾夕惕若厲无咎
九四或躍在淵无咎

王弼注《周易》书影

王弼坚持可知论，这一认识论集中体现在他对《周易》的“意”“象”“言”三个概念关系的认识中。意即卦象的意义，象即卦象，言即卦辞和爻辞的解释。王弼认为由“意”生出“象”，由“象”生出“言”，要全面认识和把握卦“意”，就必须通过“言”到“象”，再由“象”到“意”的三个环节、两个阶段，但是“言”和“象”只是认识“意”的环节和手段，因此要认识“意”，必须通过“言”和“象”，但决不能执着于“言”和“象”。

王弼的玄学理论奠定了魏晋玄学的基础，他提出的一系列哲学问题经过其后诸多学者的进一步研究，而形成诸多玄学流派，少年早逝的天才也每每令人扼腕叹息。

十九、家训大师——颜之推

《颜氏家训》是我国历史上第一部内容丰富、体系宏大的家训，也是一部学术著作，是我国封建时代家教的集大成之作，被誉为“家教规范”。

颜之推像

颜之推，字介，祖籍琅琊（今山东临沂），531年出生于江陵（今湖北江陵）的一个官僚家庭，逝世于590年后，生活时期为南北朝后期到隋朝初年，是我国历史上著名的思想家、经学家、文学家和教育家，《颜氏家训》是他的代表作。

颜之推的祖辈们大多是朝廷官员，且精通儒家学说。

颜氏家族数代对《周官》《左传》都颇有研究，颜之推的父亲颜勰研究更加精深，在经学、史学、文学、书法等方面都颇有建树。在这样的家庭环境中，天资聪颖的颜之推自幼就养成了勤学好问的习惯，这一习惯影响了他一生。虽然9岁丧父，但在兄长的悉心照顾下，颜之推能够继续读书学习。得益于扎实的学问基础和踏实务实的作风，颜之推获得了梁湘东王萧绎的赏识，年仅19岁便被任命为湘东国左常侍，加镇西墨曹参军。侯景之乱时，颜之推被俘，侥幸免遭杀害。叛乱平定，被救回到江陵后，已称帝的萧绎命他出任散骑侍郎之职。554年西魏军攻占江陵后，颜之推再次被俘，后本想逃回梁国，但阴差阳错地逃到了北齐，被齐国皇帝委以重任。梁国、北齐先后覆灭，颜之推又受邀前往长安，担任北周御史上士，隋朝建立后，颜之推又被隋文帝授予学士的身份。

颜之推一生，颠沛流离，险象环生，只有归附隋朝后，才算是安定下来，在这段难得的安定日子里，他撰写了后世传颂的《颜氏家训》。《颜氏家训》是我国历史上第一部较为完整的家训，被后代称为“家教规范”，其被视为教育学专著而流传下来，颜之推也被视为教育家而留名青史，然而，在教育家的身份之外，颜之推对人性论、生死观、方法论等都有自己独特的见解。

中庸之人不教不成

颜之推在人性论方面与之前的儒家思想有所不同。

他认为，人性是人的天生资质，这种资质的差别主要体现在“量”上，“质”上并无差别，无所谓善恶，这种量上的差别使人的后天资质产生了高低之分，按照学习能力将人分为三等：上智、下愚和中庸。第一等为上智之人，天资聪颖，不用教育就能够明白圣贤之道。第三等为愚钝之人，即使费尽心力教育也没有什么效果。这两种人都是人群中的极少数，不是他讨论的重点，他重点讨论的是占大多数的第二种人：中庸之人。他认为，中庸之人，通过后天引导教育，可以领悟圣贤之道而有所作为。从他的人性论出发，颜之推强调了教育的重要性。

颜之推的教育理念无不渗透着儒家以“仁”为本的伦理思想。

1. 人生应然之“仁”

颜之推认为“仁”是处理人伦关系的基本准则，这些人伦关系主要包括父子、兄弟、夫妻这三种最基本的人伦关系，以及由此衍生出的一系列人伦关系。

（1）父慈子孝。孝道一直是儒家思想的重点之一。《颜氏家训》也非常推崇以孝事亲和父慈子孝。和之前的儒家思想稍有不同的是，在孝道的形成过程中，颜之推更强调父母对子女的教育责任。他指出，年幼的子女心中没有善恶之分，“不教不知也”，只有通过父母的教育引导，孩子才能够积极向善，懂得孝道，并孝敬父母。父母在教育子女的过程中一定要讲究方法，一是要严慈有度，父母既要在生活上满足孩子的基本需求，让孩子能够健康成长，同时又不能溺爱，避免使孩子从小养成狂妄自大、不服管教的习惯。二是要平等，父母对所有子女的“严”和“慈”都要一视同仁，避免孩子们心理上有落差，否则极易导致孩子们之间产生矛盾，并由此造成孩子对父母的怨恨。

（2）兄友弟恭。颜之推指出，兄弟是血缘关系基础上最亲近的关系之一，因此，一方面，兄弟之间一定要相互信任，对于彼此细小的缺点要相互宽容，遇到问题要开诚布公地交流沟通，避免因误解给不怀好意者进行挑拨离间带来机会。另一方面，兄弟毕竟是各自独立的个体，将来要成立自己的家庭。因为彼此之间利益的不同肯定会有一些问题，这些是必须要正视的。这就要求在处理兄弟关系时，不能要求太高，要降低一些期望值。要做到亲密有间，既彼此亲密又要相互留有余地，不要对对方期望过高。只有如此，兄友弟恭的局面才能形成。

（3）夫义妇顺。在夫妻关系上，颜之推坚持儒家对夫妇关系的基本定位：男主外，女主内，强调夫唱妇随。

除了这三种基本关系外，《颜氏家训》还对子女嫁娶之事、婆媳关系、后娶之事等进行了论述。

（4）行仁由义。由家庭推及社会，颜之推认为在社会活动中也应该坚守“仁义”，但非常反对迂腐的“仁义”之举，提出行“仁义”要有“度”。《颜氏家训》在列举大量事例后指出，行仁义之事，不能心底冷漠，但也不能过于宽厚仁慈，否则也可能导致悲剧发生，因此必须要坚守中庸之道，才能真正做到“行仁由义”，否则只能害人害己。

2. 依仁以成之“礼”

在家庭和社会中，如何坚守和践行“仁”呢？颜之推在对《礼记》研究的基础上，结合社会和家庭变迁的实际，对礼法制度进行修订，在《颜氏家训》中提出了一系列家族子弟应当遵守的礼仪规则。

“礼以别异”，礼的作用在于区别亲疏尊卑的差异。结合自己的切身体会，颜之推指出：“礼”示尊卑，但礼法不能违背人情，在社会生活中，处理人际关系时，遵守礼法制度是必要的，但切不可死板教条，固执守礼，不知变通。无论什么情况下，在推行礼法制度时，一定要尊重人情，这样的“礼法制度”才能保证对“仁”的坚守和践行。

3. 勉学自立之“学”

在其“人性论”中，颜之推指出，大部分人都属于中庸之人，先天资质属于中等水平，只有加强学习，不断接受教育，才能成就“仁”与“礼”。

在学习目的上，颜之推并不否认传统儒学从“修齐治平”的高度来讨论学习和教育的目的，但对传统儒家教育中崇尚空谈、脱离实际的弊端进行了批判，强调学以致用。他还结合自己前半生颠沛流离的生涯，强调通过学习，一方面可以修身养性；另一方面可以使人获得一技之长，即使身处乱世也能够养家糊口，保证自己和家族的传承。在学习内容上，颜之推指出，儒家经典都是古代儒家先贤们智慧的结晶，是首先要学习的，同时要与时俱进，还应该向当代的优秀人物学习，更要善于总结自身的经验教训。在学习方法上，颜之推提出，教育要尽早进行，他甚至提出可以实行胎教。他还提出每个人终身都要勤学不辍，不仅要从书本上学，还要在与别人的交流中取人之长补己之短。但对于道听途说的东西，一定要亲自验证真伪再做出判断。

坚守中庸之道

《颜氏家训》通篇都在强调坚守中庸之道，做到以人为本，这一思想主要体现在以下几个方面。

1. 教子治家

颜之推最关注的就是教子和治家问题。

(1) 教子：严慈有度。父母对子女有两方面的责任：抚养之责和教育之责。很多家庭注重抚养子女长大，但在教育方面往往做得不到位，其中重要原因就是慈爱有余，严格不足。颜之推要求，教育子女一定要严慈有度。特别是不要“溺爱”孩子，而应该在尽心抚养子女的同时与子女保持一定的距离，不要过于亲近，树立父母在子女心中的威信，才能使子女从小养成对父母发自内心的敬意，才能真正形成父慈子孝的良性循环。

(2) 治家：宽严有度。立足于中庸之道，颜之推提出在家庭治理中，要坚持宽严有度的原则。他用历史上或者身边一些宽严失度导致悲剧发生的例子论证这一原则的重要性。他指出，如果对家庭成员过于严苛，很可能引起成员不满甚至怨恨，导致家庭成员间反目成仇，直至带来人伦悲剧。如果对家庭成员过于宽厚仁慈，可能导致长幼尊卑失序，成员角色失位，带来家庭隐患。在论及节俭持家时，颜之推也同样强调要把握好“度”。节俭并不是一味地节省，否则就成了吝啬，要“俭而不吝”。

2. 立言治文

在文章写作上，颜之推强调从内容和形式两个方面都要把握好“度”。

在文章内容上，颜之推指出，创作诗歌、撰写文章，应该抒发真情实感，但一定要把握好“度”，千万不能恣意挥洒，收不住感情，必须要有所克制，否则往往会惹祸上身而不自知。他还举了古代文人屈原、嵇康、谢朓等人的教训来提醒自己的后人。

在文章形式上，针对文人过于追求形式华丽、词句工整，而忽视文章内涵的风气，他提出，追求形式美没有错，但一定要有度，千万不能为了形式而牺牲了内容，要将思想内涵和优美文采结合起来，才能作出“文质彬彬”的文章来。

3. 出仕处世

南北朝时期，朝代更替频繁，世族大家的兴灭只在旦夕间。颜之推历经多朝，宦海沉浮，最终得以善终，对出仕处世的理解自然非常深刻。

（1）出仕：不高不低。颜之推要求家族子孙好好学习，“学而优则仕”，但是对子孙官职高低、俸禄多少，颜之推也持“中庸之道”，并非越高越好。具体说来就是“不高不低”“不上不下”，也就是官职和俸禄都居于中游水平就行。这样既可以为家族在社会上挣得一席之地，同时又不会陷入政治斗争的漩涡，从而全身而退。

（2）处世：不冷不热。颜之推指出，处世当以仁义为本，但行仁义应该有“度”，既不能像墨家那样对任何事情都满腔热忱，不计代价地投入进去，也不能像杨朱学派那样对世事漠不关心，而应该采取中庸之道：“不冷不热”，这是他对后世处世的基本要求。颜之推高度认可儒家“舍生取义”的主张，但他进一步解释，这一主张的落脚点在“取义”，而非“舍生”，所以不要轻易“舍生”。

重生而不贪生

1. 重生的思想倾向

历经劫难并能劫后余生，颜之推更能体会到生命之可贵，因此对生死持有十分谨慎而务实的态度。

（1）先避祸后养生。处在战乱之中的个体生命，首先要避祸，然后才能谈到养生的问题。那么，如何避祸？颜之推提出：一是“思不出其位”，无论在家庭中还是在社会中，各成员都要明确自身职分，各司其职，谨守本分，不能越位。二是“知足少欲”，要节制欲望，做到知足常乐。三是“行事谨慎”，凡事要顺其自然，命里无时莫强求。四是“戒兵”，不要介入战乱，要远离兵事。

（2）养生方法。颜之推提出的养生方法主要体现在日常的作息、起居、饮食、用药等方面，以达到延年益寿的目的，而不屑于对长生不老的追求。

2. 不贪生的生命追求

颜之推强调不轻易“舍生”，但他同时指出：若为仁义，可弃生命。也就是在面临“生”与“义”的选择时，他旗帜鲜明地选择“舍生取义”，正如《颜氏家训》所说，生命当然应该珍惜，但切不可苟且偷生而保全生命，可见，颜之推心中，在“生命”与“道义”的天平上，“道义”重于“生命”。

3. 调和儒释的生死观

南北朝时期，佛教已经流行很广，颜之推思想也深受佛学影响，其生死观表现了调和儒释的思想倾向。

颜之推融合儒释学说，将佛家“止恶行善”的思想与儒家“行仁由义”的思想相结合，提出了“行善以养生”的思想，虽然养生是目的，但他把论述的重点放在了“行善”上，并通过“生死轮回”说，使“养生”的外延进一步扩大，内涵更为丰富，“养生”不仅是“养”今世之“生”，也是“养”来世“生”，不仅“养”自己之“生”，也“养”子孙后代“生”。另外佛家“生死轮回，善恶有报”说比儒家单纯的“行仁由义”思想更有威慑力和约束力，这使“行善以养生”的思想更具有可行性。

一部《颜氏家训》奠定了颜之推的学术地位，但《颜氏家训》绝不仅仅是一部家训和教育学著作，深入解读《颜氏家训》，对于我们理解南北朝时期哲学思想的形成发展史，无疑具有重要的价值。

二十、自学成才——吕才

五行资其笔削，六位伫其高谈。

吕才像

吕才，606年生于博州清平（今山东省高唐）一个贫寒家庭，665年去世，是唐代著名唯物主义哲学家、自然科学家、音乐家，战斗的无神论者。他出身贫寒，但天资聪颖，勤学不辍，自学成才。他博学多才，通晓六经，在天文、地理、哲学、音乐、军事、逻辑学等诸多方面都颇有建树，被魏征等推荐入仕，最终官至太常丞、太子司更大夫。

吕才的思想，特别是他的唯物主义思想，在佛教唯心主义盛行的初唐时期，显得分外耀眼。但因种种原因，他的著作流传下来的只有八篇残篇，这导致对其思想的研究非常困难。

通过对流传下来的极少资料的收集整理和研究，可以看出他哲学方面的思想主要体现在以下几个方面。

战斗的无神论思想

42岁时，吕才奉命参与修订勘正《阴阳书》。该书是阴阳五行学派的代表性著作，其运用阴阳五行思想，从宗教迷信的角度对福禄、寿夭、住宅、丧葬等自然界和人类社会的各种现象穿凿附会，宣传迷信巫术思想。在修订过程中，吕才结合历史事实，运用逻辑推理，深刻批驳了《阴阳书》中的迷信思想。为了减少主流思想界的反对，他充分运用儒家理论，因“颇合经义”而得到士人赞许。因为宗教迷信思想在普通民众中流传甚广，很受普通民众的欢迎。为了使识字水平较低的民众便于接受无神论思想，在修订时，他尽量运用通俗易懂的语言，以“易晓”的手段，达到“救俗夫、切时事”之目的。因此，这一思想流传快且广，引起了各种迷信思想的恐慌和反对。毋庸置疑，他的无神论思想还是不彻底的，但在当时迷信盛行的社会背景下，无疑给人以振聋发聩之感。

世界本原是“极微的元气”

吕才的朴素唯物主义思想，在世界观上强调世界的万事万物都是由“极微的元气”构成的。之所以能形成这一思想，源于三个方面的原因：一是作为自然科学家，吕才重视实践，观察仔细，勤于思考，这是他朴素唯物主义自然观形成的基础。二是吕才继承发挥了儒家思想中的唯物主义因素，特别是《易经》的元气理论，与其丰富的历史学知识和逻辑学功底相结合，这就使得他对于“五行”“六位”的研究更易得出唯物主义结论。三是思想的开放，使得吕才能够更多地吸取其他学派的思想理论。隶属于婆罗门教的胜论派，其思想核心是原子论，认为“极微的元气”（原子）是天地万物之根源。吕才直接吸取了这一观点并进行了创造性发挥。原子论把“极微的元气”分为五种：地、水、火、风、空，它们是最小的、无法再分的，是永恒的。“极微的原子”不断结合而形成世间万物，能结合就能消散，所以世间万物不是永恒的，是可生可灭的。吕才将胜论派的极微说与《易经》结合起来加以研究，认为胜论派的万物生成理论与《易经》中“‘太极生两仪，两仪生四象，四象生八卦’，八卦相重而生出六十四卦、三百八十四爻”的万物生成理论相契合，虽然一个是“一生多”，另一个是“多生一”，但二者本质上是殊途同归的。

义理产生于实录

这里的“义理”是指万事万物中存在的规律。吕才把矛盾律作为一切规律的起点，认为事物之所以能够生成和变化发展，根本原因就在于任何事物都是由阴阳两种性质的元气构成的，阴阳两种对立的力量此消彼长，促使事物转化。因此，以矛盾律为代表的义理存在于具体事物中，不同事物的义理不同，理论来源于实践，要理解义理，必须对具体事物深入研究和分析。他从唯物主义世界观出发，反对生而知之，身体力行地坚持学而知之。他指出，要探究事物的“义理”，必须要深入分析隐含在天地万物中的阴阳二气的矛盾运动。只要方法得当，以矛盾律为代表的“义理”是能够认识的。至此，世界观和认识论又和逻辑学在唯物主义的基础上统一起来。世界观、认识论和方法论的一致性是吕才唯物主义的标志。在吕才哲学中，“义理”所指代的规律包括两种：客观世界存在的规律和人的思维中存在的规律。因此，“义理乖僻”由两种情形所导致：一种情形是不合客观世界自身的规律，另一种情形是不合人的思维规律。对某一具体事物来说，真理性认识只有一个，认识如果有分歧，还没有达成一致，就肯定存在问题，这就需要进一步研究分析和讨论，讨论必须打破门户之见，一切以追求真理为目的。因此，他在佛教盛行的时代，写出三卷《立破注解》批驳佛教因明学的义理乖僻，并且敢于与当时如日中天的玄奘法师进行当面辩论。

虽然吕才流传下来的著作极少，我们难以全面把握他的思想，但作为初唐时代富有战斗精神的无神论者和朴素的唯物主义思想家，他仍然给我们留下了一笔宝贵的精神财富。

二十一、宋初三先生之“徂徕先生”——石介

所谓富贵不能淫、贫贱不能移、威武不能屈，先生殆近之矣。

石介像

石介，字守道，又字公操，“宋初三先生”之一。1005年生于兖州奉符（今山东泰安）的一个小官僚家庭，1045年去世，北宋时期著名的哲学家、文学家、政治家。石介曾在徂徕山下建立书院，讲学授徒，影响久远，因此又被后世尊称为“徂徕先生”。石介所著《徂徕集》二十卷，是我们了解其思想的主要来源。

唯物主义“气”本体论

石介认为，世间万物都有气。根据其属性，气可分为很多种，有正气、邪气、纯刚至正之气，等等，各种各样的气，其最终根源于“元气”。元气无处不在，无时不有，不生不灭，是永恒的。元气自身能够漂浮、运动、变化，从而生成日月星辰、山川河流、草木禽兽、君臣父子，等等，这些都是元气的具体表现形式，是有生有灭的，由元气生成的这些具体的事物都是可被感知和触摸得到的，所以元气也是可以被认识的。石介认为，不同的事物由不同的气生成，如果“气”正，那么一切就都正：君明臣贤民顺，六畜兴旺，五谷丰登。若“气”邪，则君昏臣奸民刁，旱涝不均，民不聊生。他还列举了从唐尧虞舜到唐宗宋祖不同历史时期的君臣组合来论证自己的观点。

石介还提出了“血气”这一概念。他说，凡是有生命的事物都有血气，像花卉草木、飞禽走兽以至人类都有血气，不同生命含有的血气多少不同，决定了它们的形态及禀性的差异。例如，树木有的繁茂、有的枯萎；野兽有的驯良、有的暴烈；人有的软弱、有的果敢，等等，就是因为本身所具有的血气不一样。他还认为，忠贤与奸诈、有德与无德、天才与庸才等都是由自身血气的多少而导致的。

反对佛教道教　维护儒家道统

石介致力于反对佛教、道教，维护儒家道统，他的反佛排老思想，继承和发展了前代，特别是韩愈的相关思想。

隋唐时期，佛教在中国的传播达到一个高峰；唐皇室将道家创始人李耳认作李姓始祖，后来，武则天又封其为“太上老君”。佛老的兴盛剧烈地冲击了儒家的独尊地位，严重破坏了儒家道统。

自唐朝以来，佛教和道教就遭到以韩愈为代表的很多儒家人士的强烈反对。韩愈指出，道家的道士和佛家的僧侣不仅不农不工不商，还要农工商来无偿供奉，这会导致人民不堪重负，越来越穷，被逼为盗。他还批判佛教不遵三纲五常等儒家礼仪规范，违背圣人之道，以怪诞荒谬的言论蛊惑人心，还有一些江洋大盗、身犯重罪之人，逃入佛门就可以免于刑罚，长此以往，将会导致礼崩乐坏。因此，他提出应该烧毁佛老经书，捣毁道观寺庵，将和尚、尼姑、道士驱逐回家结婚生子，从事生产，创造财富。

石介对韩愈推崇备至，他继承韩愈反佛排老的传统，对佛老的批判更是不遗余力。他明确提出无神仙、无黄金术、无佛，表现出强烈的无神论思想。不过与之前反佛排老不同，石介主要是为了捍卫儒家的正统地位而对佛老展开猛烈批判。他认为，佛老怪诞荒谬之说导致君不明臣不忠，父不慈子不孝，农人不事稼穑，商贾不愿行商，礼仪废弛，道德丧失，所以应该旗帜鲜明不遗余力地反佛排老。

石介反佛排老具有以下几个特点。

（1）把反佛排老维护儒家的正统地位作为自己当然的责任。石介指出，中国只有一道，那就是儒家圣人之道；只有一教，那就是儒家圣人之教。佛老之徒及其怪诞荒谬言论，冲击圣人之道，损毁华夏正统。他还自我辩护说，强盗闯入主人家抢劫杀人，作为奴仆当然应该挥舞刀剑奋起反击，这不仅是为主人而战，更是为履行仆人的职责而战。佛老不遗余力地诋毁攻击圣人之道，作为圣人之道的继承者和维护者，儒生当然应该履行卫道士的职责，对佛老奋起反击，誓死捍卫圣人之道、圣人之教的正统地位。

（2）石介继承韩愈反对佛老的传统，对佛老违背儒家伦理纲常的言行进行了激烈批判。石介指出，佛老礼敬“夷鬼”“妖道”，或“出家”而不敬君主，不尽为臣之责，不事父母，不尽子女本分，导致君臣父子失序，社会秩序混乱。

（3）坚守华夷之辩，对儒家文化和佛老文化进行划分。在华夷之辩中，石介以是否坚守圣人之道为区分标准，凡是遵循圣人之道的，就是华夏正统文化，反之，则归于夷狄文化。为此，他不遗余力，颇费了一番心思。佛教来源于印度，石介将其归于外来文化，这很容易被人接受。为了反对道教，石介把老子说成是胡人，可见为了反佛排老，石介也够煞费苦心的。对老子的这种批判也遭到当时包括儒家在内的部分人士的反驳，但由此也可以看出石介维护儒家正统地位的努力。

（4）针对当时佛教影响巨大的社会现实，石介有些无奈地提出了儒、佛并行的主张。与韩愈主张的捣毁寺庵，驱除僧尼，销毁佛经，用行政手段灭佛教的观点有所不同，石介提出只要儒、佛两家能够做到互不干涉，还是可以共存的。这也反映了佛教中国化后，在中国的影响力越来越大的趋势已经不可逆转。文化的表现就是国家实力的表现，石介生活的时代，宋朝国力在周边少数民族政权的冲击下已经有所衰弱，当然反佛排道也是石介对韩愈反佛排老思想的继承和发展。

石介对韩愈反佛排老思想的继承和发展，对后世影响很大。特别是二程及其弟子朱熹在继承石介思想的基础上，将其上升到哲学高度，对佛老进行了更为深刻、更为有力、更为发人深省的批判。因此，石介对佛老的批判具有承上启下的重要意义：上承韩愈，下启程朱！

坚持文以载道　反对浮艳文风

当时，以杨亿为代表人物的西昆体诗歌在北宋文坛大行其道，这种诗歌过于追求文辞华丽，导致当时文坛浮艳文风盛行。针对这一文风，站在维护儒家正统的立场上，石介提出文以载道，反对文道分离，并对以杨亿为代表的浮艳文风进行了尖锐的批评。

（1）石介把圣人之道作为为政、为人、为文等的评判标准。他继承了韩愈“文以载道”的思想，指出文章的灵魂毋庸置疑应该是圣人之道，文章必须承载“圣人之道”，传播“圣人之道”，追求“圣人之道”，这也是写文章的根本目的和好文章的唯一评判标准，其他一切都是为此目的服务的。

（2）以此为标准，石介对以杨亿为代表的西昆体诗歌进行了尖锐的批判。他指出，这种文体文风浮艳，华而不实，不以承载、传播、追求“圣人之道”为根本，而是以追求文风华丽为目的，文章缺乏灵魂，文辞越华丽，离圣人之道越远，最终害文害人害道。后世程朱在继承发展石介思想的基础上进一步提出了“文以害道”的命题。

（3）石介把反对浮艳文风、反佛排老与维护儒家正统地位有机结合起来。他指出佛老之怪谬言论冲击了儒家圣人之道，以杨亿作品为代表的浮艳文辞使得文章离圣人之道越来越远，这严重损毁了华夏儒家道统，因此儒家卫道士必须要针锋相对，奋起反击。

石介坚持文以载道，反对杨亿浮艳文风，上继韩愈“文以载道”之思想，下启程朱理学之先风，这是对当时重文辞、轻经义的文风学风的纠偏。但在批判中，也存在矫枉过正之嫌，特别是他在批判杨亿文风之中，有些对杨亿人身攻击的言论。

丰富的社会政治思想

石介继承和发展了儒家“齐家、治国、平天下”的政治理想，积极入世出仕，参与政治实践，政治思想颇为丰富。

（1）民本思想。在深刻分析前朝历代兴衰成败的经验教训的基础上，石介强调君主必须要以民为本。他指出，民众是国家最宝贵的财富，是国家的根本。因此，君主必须要高度重视民众的力量。民心向背决定着国家的兴衰存亡，要获得人民拥护，最重要的是赢得民心，而要赢得民心，就要“务民”，要以民为本，以民为本之根本就在于行“仁政”，关心民众疾苦，使百姓有饭吃有衣穿，因此，他提出的根本治国之道就是使麦长熟而人不饥。他还痛斥各级官吏对黎民百姓残酷的盘剥，提出各级官吏要爱惜民力，不要过度压榨百姓，使人民能够安居乐业，国家才能长治久安。石介的“民本”思想继承发展了孔孟的仁政思想，对后世思想家，特别是宋明理学家影响巨大。

（2）三才之道。在论及天人关系时，石介又体现出一定的神学迷信思想。石介继承了天地人三才的儒家传统，认为三才各有其道，即“天道”“地道”和“人道”。三才各守其位，各循其道，且相互作用，是辩证统一的。石介所说的天地人三者的关系，本质上就是客观世界和人类社会两者之间的关系，也可以通俗地归结为天人之间的关系。不过和汉代儒家“天人感应论”有所不同，石介认为天人之间关系更重要的是“天”能支配“人”，“天”“地”通过对违反“人道”行为的惩罚以警示人。这种惩罚主要通过天降祸患、地施灾难来体现，天地之灾难，根源在于“人道”不畅，所以天灾根源于人祸。“人道”最根本的就是以儒家伦理纲常为核心的圣人之道，像君臣失道、父子失序、夫妇失位等违反伦理纲常的行为都是人祸，人祸不除，必然导致天地之道不安而降灾人间。因此，消除灾难关键在尽“人道”，发挥人的主观能动性。那么，如何通过尽“人道”，安“天地之道”，而避祸得福呢？石介认为，最根本的就是恪守“圣人之道”，遵循“圣人之制”。人道不能尽，就是不遵循“圣人之制”的结果。而“人道”不能尽，天道、地道就不能安。石介还分别从“君臣之礼”“什一之制”“井田之制”“封建制”“宦官”“男女”等方面分析了“圣人之制”废止的原因及危害，并从“恢复古制”“正确区分禁与不禁”“遵守圣人是非标准”“明确四诛”等方面提出恢复“圣人之制”的措施。石介继承儒家仁学思想，认为“天道”“地道”与“人道”最终统一于“仁”，即“爱人”。这里的“人”指的是一切人，既指自己也指他人。爱人就是爱一切人，不论贫富贵贱，让每一个人都能够饥有所食，寒有可衣，能够有尊严地活着，人道畅通，天地之道得安，从而最终实现“天道”“地道”“人道”的和谐发展。

石介的哲学思想具有承上启下的重要地位。他上承隋唐反佛老的无神论思想，下启宋明理学。尽管囿于历史的局限，他的一些言论或者思想还有诸多缺陷，但是他的大无畏的战斗精神和富有批判性的思考，仍具有重要的研究价值和借鉴意义。

二十二、卓然经师——张尔岐

独精“三礼”，卓然经师。

张尔岐像

张尔岐，字稷若，号蒿庵，1612 年生于山东济阳的一个小地主家庭，1678 年去世，是明末清初的著名经学家。

张尔岐在明清经学史上具有重要地位，这一地位的确立主要基于其对《仪礼》的研究与整理。《仪礼》也称礼经，是“三礼”之一，其内容主要涉及基本伦理规范和生活礼俗，与社会生活关系较为密切，但因年代久远，且文字古奥难读，在流传中错讹、脱漏与误读不少。

到明末清初，流传下来的只有郑玄的注解和贾公彦的疏解，但是郑注和贾疏都不易理解，所以学者们研读《仪礼》时，都颇为头疼，久而久之，研究者越来越少，《仪礼》几乎成为一门绝学。

张尔岐直到30岁才开始研读《仪礼》，一开始他也是“读莫能通”。他遇到的第一道难关就是章节段句不易分清，从而导致阅读困难，于是他下决心先攻克第一道难关，对《仪礼》经文与郑玄的注释进行分章断句，经过30年的不懈努力，最终结成《仪礼郑注句读》十七卷。通过分章断句，他使《仪礼》大体可读，为后来研究此经者扫清了障碍，实现了他的让后人不要因难读而放弃研读该书的目的，使更多学者易于参与对《仪礼》的研究，《仪礼》得以延续而免成绝学。张尔岐及其著作，受到当时学界的重视和高度评价，顾炎武评价此书“根本先儒，立言简当”，评价张尔岐“独精三礼，卓然经师，吾不如张稷若”。

张尔岐顺应时代潮流，从经学入手，落脚在理学，对王阳明的心学进行了深刻批判，在继承发展程朱理学的基础上，形成自己特色鲜明的思想体系。

气生万物

在万物本原问题上，张尔岐继承了自张载以来的唯物主义“气本论”，并以此为基础，对程朱理论进行了修正，坚持了纯粹的“气本论”。张尔岐认为，天地万物都源自“气”，气的本源状态即为“元气”。世间万物都是这“一元之气”运动变化的结果。元气动即生阳，静即生阴，阴阳二气之本质都是元气。元气自身具有运动的本性，也正是由于元气的这一特性，阳气和阴气可以相互转化，由阴气转化为阳气，气聚而生成万物；由阳气转化为阴气，气散而事物消亡。这一过程也就是“气化流行”的过程。张尔岐指出，这一过程是客观的，有其定数，不受人的意志所左右。这种“气化流行”并非杂乱无章地进行，而是变化有道，受一定原则规律支配，周而复始地进行。

气本理末

在程朱理学中，“理”是至高无上的，是万物之本，理在气先。而阳明心学则直接不讨论气。张尔岐在“气本论”的基础上，在理气关系问题上突破程朱理学的局限，旗帜鲜明地坚持“气本理末”。他也承认理和气同时作用于具体事物，但他否认程朱理学的“理在气先，理能生气”的理论，坚持气的第一性地位，认为理是依附于气的。理是包括人在内的世间万物存在和变化所遵循的规则或规律。具体说来，就是人存于世间必须遵守的社会道德规范，客观事物运动变化所遵循的秩序或原则。这一论述直接从根本上颠覆了程朱理学坚持的理气关系，显示了因循而不守旧的创新性思维。

天道即自然

张尔岐坚持“气本论”，否认“天理”的存在，在天人关系上坚持唯物主义，在他的思想体系中，天是没有意志没有感情的，是自然的存在，他否定天具有神性。与“天人相通”“天人相分”不同，他提出了“天人相及”的命题，认为天和人都由元气所生，因此，天与人通过气这一纽带能够相互联系到一起。

人是有生命有感情的存在，天是没有生命没有意志的存在，那么，天和人是如何通过“气”这一纽带联系到一起的呢？张尔岐进一步探讨了必然性的问题，他把必然性或者必然趋势称为“势”，他指出，势是自然存在于事物之中的，决定着事物的存在与发展。不同的事物蕴含着不同的势，具有不同的趋势。很多看起来偶然的东西，都有必然的成分在起作用。王朝更替，家道盛衰，祸福寿夭，都是由势所决定的。势又是由什么决定的呢？张尔岐从气本论出发指出，事物之所以具有不同的势，是由构成事物的气的不同决定的，如果事物由善气构成则成善势，由恶气构成则成恶势，气越多，势越强。气消耗殆尽，势也就不复存在。所谓的天道不过就是天因势运行的体现，这是一种自然过程，不受其他因素制约。张尔岐的同学邓光玉，曾参加乡民组织的求雨活动，在烈日下不饮不食暴晒三天，以示虔诚。张尔岐对他这种迷信思想和行动进行了批评规劝，指出月缺月圆、阴晴雨雪都是气化流行的自然过程，求神拜佛，烧香许愿，甚至自残，都不会对这种自然过程产生影响。

折中调和的认识论

人能否认识“天道”呢？在这一问题上，张尔岐从中庸立场出发，认为天道可知和不可知都是错误的。认为天道不可知，这是一种偷懒的表现，这会为人们不去努力认识天道的懒惰行为找借口。认为天道可知，这是不能正确衡量自己，过于自信的表现，特别是当实际情况达不到预期的结果时，人们可能因怀疑天道的公平公正而责怪于天，而事实上，他们并没有正确认识天道。对于天是否可知，他实际上是坚持中庸之道，认为天介于可知与不可知之间。这样既可以激发人们通过自身努力认识天道，避免懒惰无为，同时又不至于使人不自量力，不受约束，为所欲为，而导致祸患。

中庸即礼　六经皆礼

明末清初的思想家大都重视对礼学的研究，张尔岐以对礼学的精深研究奠定了他的学术地位，他以礼解《中庸》，以礼解六经。张尔岐首先以礼解《中庸》，提出“中庸即礼”。他高度认可“缘情制礼”之说，指出人有喜怒哀乐等各种情感，如何表达这些情感呢？张尔岐认为，既要使人的情感能够表达宣泄，同时又要有所节制，适可而止。如何做到适可而止，就必须要有一个规则来加以节制，这种规则就是圣人制定的“礼”，这种规则的出现，才能使喜怒哀乐能够发乎情而止乎礼，不偏不倚，达到“中庸”，而礼是中庸的衡量标准。礼的制定，使世间万物的运行都有了具体的规则可以遵循和衡量。

张尔岐又以礼解六经，把程朱理学中的“理”都还原为“礼”，认为礼是理的具体表现形式，而理皆出于六经。六经都是从不同方面阐释礼的，阐述的是具体活动中应该遵循的礼，六经皆礼。《中庸》是对六经的概括和总结，不涉及具体的礼，礼最根本的规则就是恪守中庸之道，所以要研究礼就要从研究六经入手，在对六经有了透彻的理解之后，才能对其进行概括总结上升到对《中庸》的研究。

张尔岐不仅在理论上重视对礼学的研究，而且身体力行，自己就是践行“礼”的楷模。封建社会读书人的人生目标就是“学而优则仕”，甚至为了在八股取士的考试中胜出不择手段。张尔岐非常看不起这种行为，有好友送他备考范文，他不屑采纳。父亲和三弟被清兵所害后，伤心欲绝的张尔岐一度极度消沉，想出家甚至想自杀。但为了担起照顾年迈母亲的责任，他重新振作起来，在家乡教书、耕作，悉心照料年迈的母亲。为了治疗母亲的疾病，他研修医术，并成为当时乡里一名医术高明的医生。他不但精心为母亲治病，还热心为慕名而来的求医治病的乡亲们诊治疾病。虽然家庭寒微，但张尔岐坚守君子之风。作为明朝遗民，他坚守气节，坚决不任清政府的官职。康熙年间，他的学生艾元徵任刑部尚书，恭请他出任官职，被他坚决拒绝。平时他刻意与艾元徵保持距离，弟子送来的礼物，他坚决不受。艾元徵为报答老师的教育之恩，总想为老师做点什么事，但都被张尔岐谢绝。晚年张尔岐曾参与编修《山东通志》，修订完不收酬金就直接回家了。作为家中长子，他处处礼让弟弟，分家时，他把良田都让给二弟和四弟，不仅如此，因为二弟双目失明，他主动代弟耕种、尽孝、代负赋税杂役，去世前，还反复叮嘱要求自己的孩子照顾好二叔。

在著述中，他对社会生活中很多违反礼的风俗进行了批判，他撰写了《后笃终论》《谨俗论》，对当时丧葬中违背《仪礼》的诸多做法进行了批评。同时他还联系当时社会实际，对冠、婚等礼进行了研究，力图从世风世俗的礼仪教化方面重建儒家道德秩序。

有对论

张载提出过“一物两体”的命题，二程认为“万物莫不有对”。张尔岐对《周易》《老子》颇有研究，在此基础上，对张载和二程的辩证法思想特别是矛盾观有所发展，在“万物莫不有对”的基础上，进一步提出“无无对之物”的命题。命题中的“对”这一概念，指的是矛盾中相互对立的两个方面。张尔岐承认，凡事皆有对，承认任何事物都存在对立面，两者是相互对立的，但也相互依赖，彼此的存在都以对方的存在为条件，或者构成某一统一体的“两体”或“两端”，如阴与阳、前与后、动与静，等等；或者存在于不同的个体中，表现为相互敌对的两种事物，如矛与盾、小人与君子、朋友与敌人，等等。张尔岐还认识到，天下“无无对之物”，而有对的双方在彼此对立中不断变化、此消彼长，甚至相互转化，因此世间没有永恒的东西，世间万物都因为气化流行而变动不居。

张尔岐是一位学问精深的醇儒，更是一位品德高尚的君子。他留给后世的不仅仅是他的一部部学术著作，更有坚守气节、不攀权贵、造福桑梓、事母至孝、代弟服役等一个个感人至深的故事。

二十三、海外新儒——牟宗三

天梯石栈，独来独往，高视阔步，有狂者气象。

牟宗三像

牟宗三（1909～1995），字离中，1909 年生于山东栖霞蛇窝泊镇牟家疃村一个小地主家庭，中国现代哲学家、哲学史家，现代新儒家重要代表人物之一。

栖霞牟氏分为两支，一支为铁口牟氏，多出武官；一支为名宦牟氏，多出文人。牟宗三虽属于名宦牟氏，但身上也颇有铁口牟氏的侠义之气。

梁山汉子

1929年，20岁的牟宗三进入北京大学哲学系学习，他的哲学天赋极高，加之学习刻苦，他一边努力学习西方哲学，特别是怀特海的哲学，同时又苦读《周易》，很快就卓然而成一家了。在北大学习期间，熊十力对他影响最大，正是在熊十力的教育指导下，牟宗三的学术研究从西方哲学转向了中国哲学。而张申府、金岳霖、张东荪等人的哲学思想也对牟宗三思想的形成产生了很大影响。

在中国哲学史上，熊十力的狂放不羁是非常有名的，这种性格也深深地影响了牟宗三，牟宗三身上的梁山汉子的勇猛之气就有熊十力性格的烙印，牟宗三身上有一种“原始气”“野人气”。

在治学上，牟宗三反对投机取巧，舍得下笨功夫逐字逐句地抄写研读，从罗素、怀特海的《数学原理》到《二程遗书》再到研读康德的思想，牟宗三都能扑下身子，静下心来，用最“笨”最“拙”的方法——抄写原著，把相关思想家的思想理论研究得透彻明白。

牟宗三在“倔强”气这一点上，与其师熊十力颇为相像，性格孤傲，不屑于跟看不上眼的人虚与委蛇。他在北京大学读预科二年级时，对《易经》产生了浓厚的兴趣。到了大学三年级，凭借自身的天赋写了十万余字的《易经》研究著作，当时，新文化运动的著名领袖胡适担任北大文学院院长，对这本书颇感兴趣，并读了其中的第三章。胡适对其中的某些观点以及牟宗三的研究方法不认同，年轻气盛的牟宗三非常不服气，写了一封长信为自己的易学研究方法进行辩护，胡适擅长并引以为豪的就是考据学，牟宗三在信中明确提出，自己的易学研究是玄学而非考据学，当时的胡适在学术界是炙手可热的人物，乳臭未干的牟宗三却毫不给这位学术大咖面子。

特别是在与梁漱溟决裂过程中，牟宗三的倔强之气显露无遗。1936 年，在熊十力的大力举荐下，梁漱溟同意为牟宗三提供帮助，当时梁漱溟正在邹平办乡村建设，他向牟宗三提出了三个条件：一是到邹平待一段时间，二是深造时要研究人生哲学，三是要远离政治。牟宗三对于这种要挟性的条件非常不满，但碍于自己老师熊十力的面子，趁回山东老家之际去了一趟邹平，也许是因为本就有抵触情绪，所以他对梁漱溟的乡村建设并不感兴趣，评价也不高，这使得梁漱溟很不高兴，两人都感觉彼此“道不同不相为谋”，从此分道扬镳。

牟宗三“率真”之气也令人印象深刻，随着牟宗三学术修养水平的提升，其知名度不断提高，某些达官贵人就想攀附一下牟宗三，为自己涂脂抹粉，牟宗三都毫不客气地一概拒绝，就连蒋介石想召见他，也被他一句“不想被召见”而顶了回去。

在中国古典名著中，牟宗三最爱《水浒传》里英雄豪杰的侠肝义胆、光明磊落，他把这称为“汉子气”。一个大哲学家和一群草莽英雄联系到一起，的确有点不可思议，牟宗三说《红楼梦》算是小乘，《金瓶梅》可谓大乘，而《水浒传》可以称得上是禅宗。牟宗三提出，研究哲学就应该像梁山好汉一样视金钱如粪土，弃绝名利人情，干脆利落，才能勇猛精进，这实际上是一种儒家之勇。

重建儒家的道德形上学

作为新儒学的重要代表和集大成者，牟宗三终生都在为重建儒家的道德形上学而奋斗，他的《认识心之批判》《道德的理想主义》《智的直觉与中国哲学》等一系列著作，经过艰苦的创造性发展，终于建立起自己的哲学体系：道德的形上学体系。牟宗三认为形上学必须立足道德之上，他借鉴儒家的德性之智的概念，融合康德哲学，同时否定了康德的不可知论，创造性地提出了“智的直觉”这一概念，其实“智的直觉”这一概念从本质上来说就是儒家所说的“良知”，即不虑而知的能力，他认为只有通过这种“智的直觉”，世界的真、善、美才能被人们认识。

“良知自我坎陷”是牟宗三创造的又一个哲学概念。牟宗三的道德形上学分为广义的形上学和狭义的形上学。广义的道德形上学包括两层存有论，即无执的存有论和执的存有论。“无执的存有论”主要研究“物自体”，“执的存有论”主要研究“现象”，人们的认识过程是先有对“现象”的认识进而达到对“物自体”的认识，即由“执的存有论”进到“无执的存有论”，而这一过程是通过“良知自我坎陷”实现的，“坎陷”就是陷落、回落、后退之意。所谓“自我坎陷”通俗的理解就是“自我否定”，牟宗三认为中国文化的良知（“智的直觉”）并不能直接开出民主科学，但通过“自我坎陷”（自我否定）可以曲折地开出民主科学。

儒家三期说

将儒学分为三期并非牟宗三首创，但他首先对此进行了系统阐释。牟宗三认为，儒学第一期即以孔、孟、荀等为代表的儒家先驱的儒学创立和完善期，这促进了汉朝大一统帝国的建立和巩固。儒学第二期以宋明儒学为代表，第三期即当代儒学。牟宗三认为，明朝灭亡之后，清政府对儒家文化的打压，使儒家走向衰落，鸦片战争的失败对儒家文化打击更是致命性的，因此，作为中华民族文化基因的儒学必须要在选择性地吸收外来文化的基础上实现复兴，继而实现国家的近代化。

儒学“三统”说

儒学复兴到底要复兴什么呢？牟宗三认为，简单地说就是要复兴儒学的道统、学统和政统。儒学“三统”也是牟宗三新儒学的理论归宿。

牟宗三还对“三统”的内涵做出了具体的阐释：所谓道统即“道的统绪”，其核心即儒家的“仁学”，“仁”为万物之源，“仁学”也是儒家道德政治之根本，也是“学统”“政统”之根本。所谓学统就是“知识之学的统绪”，相对于以往儒家之学统，新儒学的学统能够从自身开出“科学”。所谓政统就是“政治形态的统绪”，相对于旧儒学强调的贵族政治和君主政治，新儒学的政统就是民主政治，民主并非外来的，而是由儒学自身发展出来的。牟宗三认识到了民主和科学的重要性，但他更强调的是，民主和科学是儒学自身内部蕴含的。他认为道统是根本，学统和政统是由道统开出的。

儒家文化如何开出“科学”和“民主”呢？按照牟宗三的观点，中国没有科学与民主，不能近代化，这种“不能”不是“不及”的“不能”，而是“超过”的“不能”，也就是说，中国不是因为发展太慢，达不到“科学”和“民主”产生和存在的条件，而是因为发展太快，已经超越了产生“科学”和“民主”的社会阶段。人们在物质层面的需求得到满足后才会有道德层面的需求，儒学的发展却在人们物质层面的需求（民主和科学）未达到应有的程度时就已超过这一阶段而迈进到了对道德层面的追求。既然超越了，就应该回撤一下，后退到能够产生“科学”和“民主”的社会发展阶段，因而新儒学提出“儒家的道德理性（良知）”应该“退一步”，通过“良知自我坎陷”转出“民主”与“科学”，从而实现中华民族的近代化。

牟宗三的儒学三期说和儒学“三统”说富有创造性和建设性，为后期的新儒学特别是杜维明的儒学理论的发展打下了良好的基础。

二十四、一代宗师——任继愈

坚持用历史说明宗教，开创了中国马克思主义宗教学。

任继愈像

任继愈，字又之，1916 年 4 月 15 日出生于山东平原，2009 年 7 月 11 日在北京逝世。1987～2005 年担任国家图书馆馆长，卸任以后接任名誉馆长，在中国哲学、宗教学和历史学领域都颇有建树，尤其对新中国成立以来的中国哲学发展贡献突出。

中国哲学之大幸

任继愈原名任又之，因为他的小学启蒙老师对韩愈特别崇拜，又非常喜欢聪明伶俐的任又之，所以就给他改名为任继愈，即“继承韩愈”之意，希望他将来能取得像韩愈一样的文学成就。但最终任继愈没按照老师的期望走下去，而是走向了哲学研究的道路，是不是文学之不幸不敢说，但毫无疑问是中国哲学之大幸。

任继愈小学毕业于山东省立第一模范小学（现大明湖小学）。小学毕业后，任继愈辗转来到北平，并在北平大学附属中学就读，当时很多北京大学哲学系毕业的高才生在此任教，潜移默化中，任继愈对哲学的兴趣越来越浓厚。因此，他高考时选择了哲学专业，1934 年，任继愈被北京大学哲学系录取，研究西方哲学。但一段“湘黔滇旅行团”的经历，使他学术研究的眼光从西方哲学转向了中国哲学，四年的大学时光，为他打下了良好的哲学基础。1939 年，他又考取了西南联大的研究生，师从汤用彤和贺麟，进一步学习中国哲学史和佛教史，硕士毕业后留校任教。

学校把之前陈寅恪住过的一间房子分给任继愈居住，他就在此生活、治学。在昆明的七八年间，任继愈潜心研究学术，后来，他风趣地将书室命名为“潜斋”。新中国成立以后，任继愈搬到了北京大学的中关园校区居住，在那里，他的学术水平不断提高，取得了不少学术成果。但当时的社会政治环境使他也难以静下心来研究学问。多年以后回想起来，他总感觉那段时间自己虚度了，所以任继愈取“宿舍”之谐音，惋惜地将书斋称作“中关虚舍”。“文化大革命”结束后，任继愈搬到了市中心居住，才有了真正的书斋。但因为早年任继愈眼睛曾经受过伤，研究学问特别是研究古代典籍使得视力状况每况愈下，再加上年纪大了，视力越发模糊，医生嘱咐他注意休息，保护眼睛，因此他幽默地将书斋取名为“眼科病房”。

坚守“四不”规矩

任继愈为自己制定了“四不”规矩：一是不过生日，二是不赴宴请，三是不出全集，四是不担任“挂名主编”。这是他一直坚守的原则，也是他留给后人的财富。

不过生日：任继愈觉得过生日就是在浪费时间——既浪费自己的时间，也浪费别人的时间，所以他从来不过生日。1987 年，任继愈开始担任国家图书馆馆长。国家图书馆的工作人员都知道 4 月 15 日是他的生日，但是从来没有人敢提议给他过生日。2006 年，在任继愈九十岁生日之际，国家图书馆的领导班子想小范围地给他庆祝一下，也被他干脆利索地拒绝了。

不赴宴请：任继愈不喜欢出席宴会，他认为出席宴会一来浪费时间，二来不愿意说些虚头巴脑的客套话。所以，国家图书馆的必要应酬，任继愈都会请另外的馆领导代替他参加。

不出全集：面对市场上的“全集热”，任继愈说，人的学术水平是不断发展的，活着的人出全集意味着水平停滞或者不再进行学术研究了，这对于一个真正的学术研究者来说是不可想象的。另外，他认为自己都没有看过他人的全集，所以自己的全集也不会有人去看完。对于出全集这种浪费人力、物力、财力的事，任继愈坚决反对。

不担任“挂名主编”：任继愈亲自主持、组织了多项文化工程，凡是他领导的研究项目，他都会亲力亲为，亲自去同各部门的主要负责人交流，共同探讨决定编写的原则问题，但是他一辈子都不当“挂名主编”。

治学严谨　待人宽厚

任继愈对待学术问题一丝不苟，对学生要求非常严格，给人一种威严感，学生们只有做足了准备工夫才敢与他进行学术沟通，否则即使老师不批评，学生自己也有芒刺在背之感。虽然在学术上十分严谨，但在生活中任继愈对学生们非常温和亲切。当代哲学家李泽厚在北大读书的时候，任继愈对他就关爱有加。

李泽厚于1950年考入北京大学哲学系。百废待兴的新中国困难重重，百姓家庭普遍困难。李泽厚出身贫苦家庭，父母早亡，还患有疾病，生活十分拮据。另外还要接济老家生活更为困难的堂妹。他连最基本的夏装冬服都没有，幸好有学校的帮助，他才得以维持基本的生活。任继愈了解情况以后就想方设法为他提供力所能及的帮助，刚开始让他写一些文稿类的东西，每次给他三四元钱，到后来直接每个月给他五元或者十元作为生活费。

任继愈识才爱才，强调德才兼备，以德为先。他用人先看品性，看人先看德行。他最佩服的人物有两个：鲁迅先生和居里夫人。他佩服鲁迅先生是因为他对黑暗势力毫不动摇的斗争精神；他佩服居里夫人在科学上坚韧不拔的奋斗精神和深厚的爱国主义情怀。

任继愈治学严谨，实事求是，绝不在自己不擅长的领域轻易下结论。一次，家乡一位《红楼梦》研究者，带着一本《红楼梦》清代评本，想让他给确认一下版本，他直接推荐给《红楼梦》的研究专家冯其庸。任继愈负责文化工程“再造善本”工程，选择确定善本时，他总是以相关领域专家意见为主，从不越俎代庖，擅自做决定。

在学术研究上，任继愈非常重视对文献资料的收集整理和运用。在这一过程中，他发现文献注释中存在一种通病：越是晦涩难懂的地方越没有注释，那些简单易懂的地方却时常被注释得洋洋洒洒。对此，任继愈提出了严厉批评，指出精确理解古代文献最好的方法就是将其逐字逐句地翻译出来。于是他身体力行，率先翻译了《老子》《神灭论》等古文。任继愈不仅自己重视文献，也引导学生关注文献整理工作。他曾经提出让主修传统文化的学生每人注释一本古文献或著作，作为自己的毕业论文。虽然在当时的教育背景下，这一提议没被采纳，但是促使他更加重视对文献的整理。从编纂《宗教词典》《道藏提要》开始，任继愈领导进行了一系列文献资料的整理工作。历经十二年的辛苦工作，1994年《中华大藏经》的编写完成，在此之前不久，《中华大典》的编写工作有序展开，在全面主持《中华大典》共24个典的编写工作的同时，他还亲自主编其中的《哲学典》和《宗教典》。随着《中华大典》编写的有序推进，2008年，任继愈又领导启动了《中华大藏经（汉文部分）·续编》的编辑工作，此外主编了《中国科学技术典籍通汇》《国家图书馆藏敦煌遗书》等，这一系列项目的展开、推进和完成是留给后代子孙的宝贵的知识财富，在中华民族文化发展史上将会留下重重的一笔。

中国的国教是儒教

多年来，学术界普遍认为中国没有宗教。在对大量文献资料充分论证的基础上，20世纪80年代，任继愈提出了一个“石破天惊”的论断：古代中国的国教是儒教，孔子就是教主。从1980年的《从儒家到儒教》到1988年的《具有中国民族形式的宗教——儒教》等，他在一系列论文和著作中，从儒教的产生背景和演变历程、儒教的个性特质和宗教的共同本质、儒教的历史作用和现实功能等方面，深刻揭示了儒教的宗教性。通过一系列严密的论证，学术界对任继愈这一全新的观点由反对到半信半疑，逐渐引起学术界的共鸣，越来越多的学者开始认同他的观点。

任继愈指出，虽然我们一提到“儒学”这个名词，就会自然而然将其与孔子联系在一起，但是我们必须看到，“儒学”并不是孔子凭空想象出来的。众所周知，中华文明史上下五千多年，从孔子出生到现在只有两千多年，因此，孔子的“儒学”思想是在继承了此前两千多年文明成果的基础上，特别是直接继承了殷周时期的“天命神学”和“祖宗崇拜”的宗教思想，后经过孔子的融会贯通、发展创新最终形成的。在孔子之后的两千多年里，孔子的儒学思想又经其后的思想家们不断完善和发展，才形成今天的儒教形态。很长一段时间内，儒学还不具备宗教的性质，在任继愈看来，在由儒学发展为儒教的漫长过程中，孔子的学说大致经过了两次大的改造。

第一次大改造主要在汉代，从叔孙通复兴儒学开始，到董仲舒提出“罢黜百家，独尊儒术”最终完成。在最高统治者汉武帝的支持下，儒家被独尊，儒家学说成为社会生活中是非善恶的判断标准，儒学的地位越来越高，孔子的圣人地位也越来越稳固。这个时期的儒学，虽然已经具备宗教的初步形式，但是还不具备完善的宗教形态。

第二次大改造主要在宋代。这一时期儒学的主要代表形式是宋明理学。儒学在与道教和佛教的融合中最终形成儒教，其最重要的代表人物是朱熹。宋明理学的形成标志着儒教成为宗教。儒教的教主是孔子，“天地君亲师”是儒教信仰中的神，六经是儒教的经书，太学和府州县学就是它的各级宗教组织，其神职人员是各级学官，祭天、祀孔是其主要宗教仪式等。儒教还具有宗教的本质属性，如禁欲主义、蒙昧主义、偶像崇拜、原罪观念、注重内心反省、轻视科学、忽视生产等。

近代宗教学创立后很长一段时间内，西方学术界只承认基督教是宗教。任继愈坚持独立思考，提出“儒教说”，纠正了西方学术界的偏见，提升了儒教的地位，扩大了中国文化的影响力，在世界宗教学的发展史上具有里程碑式的意义。

开创中国马克思主义宗教学

一直以来，任继愈都十分重视对佛教哲学的研究。基于对佛教在中国的发展和影响的深入研究，任继愈认为佛教虽然是一种外来宗教，但由于中华文化强大的同化作用，中国的佛教哲学已成为中国哲学的重要组成部分，因此，要想全面了解中国哲学，就必须要透彻理解佛教哲学。基于历史唯物主义基本原则，在佛教研究中，任继愈提出“用历史说明宗教”，强调佛教兴衰的原因要从社会历史中寻找。从历史观的视角，任继愈认为不是佛教影响了中国和印度的历史，而是中国和印度的历史决定了佛教的产生、传播和发展。佛教第一次传入中国，大约是公元 27 年，但它想原汁原味地在中国传播，当然为本土的儒教和道教所不容，因此很快就被打压下去了。接下来在吸取教训的基础上，佛教开始低调迎合儒教和道教，重要表现就是佛经翻译中的儒化和道化倾向，因此佛教开始在中国慢慢传播开来，直到南北朝时期开始独立并与儒、道并列，隋唐发展到高峰。每当佛教过于强势，地位强于儒、道时，就会引起两者的不满和强烈反抗。历史上多次出现的“灭佛”事件，就是这种不满的集中爆发。因此，佛教在中国的传播、发展与衰落，必须置于中华文化发展的大历史背景中进行研究。例如，忠孝自古以来都是我国儒教最看重的品德，然而，在古代印度，僧人不拜国王、不拜父母，相反包括国王在内的所有人见了僧人都要礼拜；僧人既不缴纳税租又不服徭役，却花费巨额钱财来修建豪华寺院、享受富裕生活。这在中国本土文化中被视为不忠不孝之举。佛教传入中国后，僧人们当然也想享受在印度所享有的待遇，但是在经过无数抗争均以失败告终的窘况下，他们只能入乡随俗，迎合中国本土文化传统，礼拜君主和父母。唐宋以后，中国僧人为了顺应社会趋势，围绕忠孝原则来改造佛经。关于宗教调整的原因，有人认为是由宗教的自我改变引起的，但这实际上是把结果当原因了，宗教的每一次重要演变，都应该放在当时的历史背景中进行研究，宗教只是历史发展的结果。任继愈坚持历史唯物主义基本原则，用历史分析法分析历史问题和历史现象，准确地将“用历史说明宗教”运用到宗教学的研究中，正确地解决了宗教界的许多“难解之谜”，开创了中国化的马克思主义宗教学。

马克思主义理论中的宗教概念，是指宗教的观念，因此马克思对宗教的批判，就是对宗教观念的批判，对宗教的世界观和方法论的批判。辩证唯物主义和历史唯物主义是马克思主义的世界观和方法论，无神论是其宗教观基础。针对“文化大革命”时期，把批判宗教理解为对宗教界和宗教徒的批判的错误，任继愈对这一现象进行了深刻的反思和批评，1979年，他撰写了《为发展马克思主义的宗教学而奋斗》一文，并在《哲学研究》上刊载，他明确指出马克思主义宗教学在本质上就是科学无神论。我们必须要不断加强对马克思主义宗教学的研究。文章还进一步分析了建立中国马克思主义宗教学的意义和方法，这对纠正新中国成立以来特别是“文化大革命”时期形成的错误的宗教学观念和宗教政策具有重要的理论意义和实践价值。

任继愈一直努力宣传科学无神论思想，同各种神学思想及其变种做坚决斗争。1988年，他发表的《关于宗教与无神论问题》一文，进一步强调宣传科学无神论的重要性和紧迫性，1996年，在他的多方奔走努力下，中国无神论学会才得以重建，在他的推动下，活动逐渐正常化。可以说，多年来，任继愈对有神论的批判和对无神论的提倡解放了人们的思想，激发了人们的创造力，使马克思主义宗教观深入人心。

参考文献

[1] 姜国柱.姜太公评传［M］. 北京：国防大学出版社，1999.
[2] 徐树梓.姜太公与齐国军事文化［M］. 济南：齐鲁书社，1997.
[3] 王志民.齐文化概论［M］. 济南：山东人民出版社，1993.
[4] 江澜芝.管子杂家智慧一本通［M］. 北京：石油工业出版社，2015.
[5] 周瀚光，朱幼文，戴洪才.管子直解［M］. 上海：复旦大学出版社，2000.
[6] 战化军.管仲评传［M］. 济南：齐鲁书社，2001.
[7] 刘红军，戴肃军，张昌伟.齐鲁名圣［M］. 济南：山东人民出版社，2012.
[8] 李长之.孔子的故事［M］. 杭州：浙江文艺出版社，2008.
[9] 钱穆.孔子传［M］. 北京：生活·读书·新知三联书店，2002.
[10] 林语堂.孔子的智慧［M］. 南京：江苏文艺出版社，2010.
[11] 匡亚明.孔子评传［M］. 济南：齐鲁书社，1985.

[12] 杨佐仁，宋均平.孔子传［M］. 济南：齐鲁书社，1999.
[13] 吴龙辉，等.墨子白话今译［M］. 北京：中国书店，1992.
[14] 王贵水.墨家的攻守之道［M］. 北京：海潮出版社，2012.
[15] 修建军.孔门弟子［M］. 济南：山东文艺出版社，2004.
[16] 孟祥才.孟子传［M］. 济南：齐鲁书社，2013.
[17] 王蒙.庄子的快活［M］. 贵阳：贵州人民出版社，2013.
[18] 成云雷.庄子逍遥的寓言［M］. 上海：上海古籍出版社，2009.
[19] 李华龙.老子庄子［M］. 呼和浩特：内蒙古人民出版社，2012.
[20] 孟祥才，胡新生.齐鲁文化思想史——从地域文化到主流文化（先秦秦汉卷）［M］. 济南：山东大学出版社，2002.
[21] 孙开泰.邹衍与阴阳五行［M］. 济南：山东文艺出版社，2004.
[22] 刘蔚华，苗润田.稷下学史［M］. 北京：中国广播电视大学出版社，1992.
[23] 北京大学《荀子》注释组.荀子新注［M］. 北京：中华书局，1979.
[24] 孔繁.荀子评传［M］. 南京：南京大学出版社，1997.

[25] 杨金廷，范文华.荀子史话［M］. 北京：人民出版社，2014.
[26] 司马迁.史记［M］. 北京：中华书局，1982.
[27] 安作璋，张汉东.山东通史·秦汉卷［M］. 济南：山东人民出版社，1993.
[28] 安作璋.秦汉时期的济南伏氏［M］//济南名士多.济南：山东人民出版社，1982.
[29] 王振民.郑玄研究文集［M］. 济南：齐鲁书社，1999.
[30] 史应勇.郑玄经学三论［J］. 四川大学学报，2004（3）.
[31] 王肃.孔子家语［M］. 郑州：中州古籍出版社，1991.
[32] 孔鲋.孔丛子［M］. 上海：上海古籍出版社，1990.
[33] 国学典藏书系编委会.诸葛亮传［M］. 长春：吉林出版集团有限责任公司，2010.
[34] 陈寿.三国志［M］. 北京：中华书局，1982.
[35] 朱一玄，刘毓忱.三国演义资料汇编［Z］. 天津：南开大学出版社，2003.
[36] 武锋.大家精要：王弼［M］. 昆明：云南教育出版社，2012.
[37] 王晓毅.王弼评传［M］. 南京：南京大学出版社，1996.
[38] 颜之推.颜氏家训［M］. 檀作文，译注.北京：中华书局，2011.

[39] 王艳辉.《颜氏家训》家庭伦理思想与现代价值研究 [D]. 哈尔滨：黑龙江大学，2010.
[40] 李海峰.重读先哲：康德 [M]. 长春：长春出版社，2013.
[41] 王兴国.大家精要：牟宗三 [M]. 昆明：云南教育出版社，2011.
[42] 任继愈.任继愈宗教论集 [M]. 北京：中国社会科学出版社，2010.
[43] 王守常.师道师说：任继愈卷 [M]. 北京：东方出版社，2013.